Alaska Wilderness
Verschollen am Mount McKinley

CHRISTOPHER ROSS

Verschollen

am Mount McKinley

ALASKA WILDERNESS

ueberreuter

In der Reihe *Alaska Wilderness* sind
bei Ueberreuter erhältlich:
Band 1: Verschollen am Mount McKinley
Band 2: Die Wölfe vom Rock Creek

Das für dieses Buch verwendete FSC®-zertifizierte Papier EOS
lieferte Salzer Papier, St. Pölten.

ISBN 978-3-7641-7004-2

Alle Rechte vorbehalten. Das Werk darf – auch teilweise –
nur mit Genehmigung des Verlages wiedergegeben werden.
Übereinstimmungen und Ähnlichkeiten mit lebenden Personen
oder Familien sind rein zufällig und nicht beabsichtigt.

Umschlaggestaltung von Vivien Heinz, Henry's Lodge
unter Verwendung von Fotos von ©mironov/Shutterstock und
©nouseforname/Shutterstock
Karte auf Vor- und Nachsatz
von Herbert Ahnen, animagic GmbH, Bielefeld
Copyright © 2013 by Ueberreuter Verlag, Berlin – Wien
Druck und Bindung: CPI – Clausen & Bosse, Leck
1 2 3 4 5   17 16 15 14 13

Ueberreuter im Internet: www.ueberreuter.de

1

Der Schrei kam aus dem dichten Fichtenwald, der sich zu beiden Seiten des Trails ausbreitete, und erschreckte ihre Huskys so sehr, dass sie stehen blieben. Gleich darauf zerriss ein wütender Fluch die Stille, gefolgt von einem lauten »Bleibt stehen! Verdammt, bleibt doch stehen!«

Julie stieg vom Schlitten und lauschte angestrengt. Ein vertrautes Geräusch durchbrach die plötzliche Stille, das Bellen von Hunden und das Scharren von Schlittenkufen auf dem verharschten Schnee. Von Panik getrieben, erschienen verängstigte Huskys mit einem leeren Schlitten zwischen den Bäumen und hetzten in dem fahlen Licht, das vom Tag übrig geblieben war, auf sie zu.

Sie wusste, was das bedeutete, rammte hastig den Anker ihres Schlittens in den Schnee und trat den Huskys mit ausgebreiteten Armen entgegen. Doch die Hunde waren viel zu aufgebracht, um stehen zu bleiben. Sie wichen ihr aus und versuchten durch den aufgeworfenen Schnee am Wegesrand an ihr vorbeizuziehen. Der tiefe Schnee zwang sie langsamer zu laufen und ermöglichte es ihr, die Haltestange zu ergreifen und den Schlitten zu bremsen. »Whoaa! Whoaa!«, half sie mit dem bekannten Kommando nach. »Immer mit der Ruhe, ihr Lieben!« Sie verankerte den Schlitten und beruhigte die Huskys. »Kein Grund, die Nerven zu verlieren. Ich sehe mal nach, was passiert ist, okay?«

Chuck, ihr Leithund, war gar nicht damit einverstanden, dass sie den fremden Hunden solche Aufmerksamkeit schenkte. Er beruhigte sich erst, als sie ihm liebevoll den Nacken kraulte. »Schon gut, Chuck. Du bist mein Bester, das weißt du doch. Ich bin gleich zurück! Rührt euch nicht von der Stelle!«

Sie folgte den frischen Spuren des anderen Schlittens in den Wald und lief geduckt unter den tief hängenden Zweigen hindurch. Eisiger Schnee rieselte auf sie herab. Unter den Bäumen war die Sicht noch schlechter als auf dem Trail, und sie konnte von Glück sagen, dass der Schnee auf dem hart gefrorenen Boden ein bisschen Helligkeit reflektierte. Im November waren die Tage in Alaska besonders kurz, und die Sonne zeigte sich nur für ein paar Stunden am Horizont. Eisige Kälte lag in der Luft, vor ihrer Abfahrt hatte das Thermometer minus 25 Grad Celsius angezeigt. Kein Problem für Julie, die in Fairbanks aufgewachsen und es nicht anders gewohnt war. Nach einem zweiwöchigen Urlaub, den sie mit ihren Eltern vor einigen Jahren auf Hawaii verbracht hatte, war sie sogar froh gewesen, zurück in die Kälte zu kommen.

Wieder hallte ein Schrei durch den Wald, diesmal lauter und verzweifelter. Er klang eher wie ein Hilferuf, obwohl sie die Worte nicht verstand. Sie beschleunigte ihre Schritte, konnte von Glück sagen, dass ihr der Schnee unter den Bäumen nur bis zu den Knöcheln reichte. Als langjährige Musherin, die schon als Vierzehnjährige einen Hundeschlitten gesteuert hatte, wusste sie natürlich, was ein leerer Schlitten bedeutete. Wenn ein Musher vom Schlitten stürzte, rannten die Huskys meist weiter, es sei denn, das Gefährt kippte um und blieb im Tiefschnee hängen oder verkantete sich zwischen den Bäumen.

»Halten Sie durch!«, rief sie in den Wald.

Die Antwort bestand wieder nur aus einem Schrei. Ein Hilferuf oder ein Fluch oder beides zugleich und höchstens eine Viertelmeile von ihr entfernt. Die Schlittenspuren waren deutlich im Schnee auf dem Jagdtrail zu erkennen. Der Trail führte einen steilen Hang hinauf und verlor sich zwischen einigen Felsen. Dort war der Schnee wieder tiefer, und sie kam ohne ihre Schneeschuhe nur noch langsam voran. »Ich bin gleich bei Ihnen«, rief sie dem unbekannten Musher zu, der auf der anderen Seite der Felsen gestürzt sein musste. Sie war die Strecke schon öfter gefahren und erinnerte sich an den felsigen Hang, der südlich des Trails steil abfiel und auch erfahrenen Mushern gefährlich werden konnte, wenn die Sicht schlecht war und man nicht aufpasste.

Als vielfaches Echo hallte ein erneuter Schrei durch die Nacht, als sie die Felsen erreichte. »Ich bin schon da!«, rief sie, folgte den Spuren bis zum Abgrund und sah eine dunkle Gestalt unterhalb der Böschung auf dem vereisten Hang liegen. Ein junger Mann, so viel konnte sie selbst in dem düsteren Licht erkennen, bekleidet mit einer dunklen Skihose und einem hellen Parka, dessen Kapuze zurückgerutscht war und den Blick auf sein verängstigtes Gesicht freigab. Er hielt sich mit beiden Händen an einem vorstehenden Felsen fest.

Julie beugte sich zu dem Musher hinunter und streckte ihren rechten Arm aus. »Gib mir deine Hand«, rief sie ihm zu, »ich ziehe dich hoch! Wenn du deine Stiefel fest in den Schnee rammst, kann gar nichts passieren!«

»Das ... das haut nicht hin! Du bist ... bist ein Mädchen!«

»Red nicht so'n Quatsch und hilf mir! Hab keine Angst ... es sind nur zwei, drei Schritte. Der Schnee ist fest genug! Das schaffst du doch locker!«

Der junge Mann war anscheinend immer noch geschockt und brauchte eine ganze Weile, bis er seine linke Hand von dem Felsen nahm und sie ihr entgegenstreckte. Sie griff danach und zog ihn nach oben, konnte ihn kaum noch halten, als er endlich seine Beine bewegte und ihr half, ihn über die Böschung zu ziehen. Sie landeten beide im Schnee und blieben erschöpft liegen.

»War nicht meine Schuld«, rechtfertigte er sich, »mir passiert so was nicht. Muss wohl ein Elch in der Nähe gewesen sein, der die Hunde beunruhigt hat. Bandit hat eine Heidenangst vor Elchen. Bandit ist mein Leithund. Er rannte plötzlich nach rechts, und wenn ich den Schlitten kurz vor dem Sturz nicht angeschoben hätte, wären die Hunde wohl auch über die Böschung gegangen.« Er drehte sich zu ihr um und lächelte etwas gequält. »Ich bin Josh Alexander. Danke, dass du mir geholfen hast.«

»Julie Wilson«, antwortete sie. »Den Hunden und dem Schlitten ist nichts passiert. Sie warten unten auf dem Trail.«

Sie stemmte sich vom Boden hoch und klopfte sich den Schnee vom Parka, anschließend half sie ihm auf die Beine. Sie blickte an ihm vorbei auf die Spuren im Schnee. »Den Trail kenne ich. Die Kurve ist besonders gefährlich, da wäre ich auch beinahe mal über Bord gegangen.« Sie blickte ihn fragend an. »Du bist doch nicht verletzt?«

Er lächelte. »Nur ein paar blaue Flecken ... nicht der Rede wert.«

»Na, dann ...«

Sie betrachtete Josh genauer. Er war ziemlich attraktiv, das musste sie zugeben. Ungefähr ihr Alter, sportliche Figur, die auch sein Parka nicht verdecken konnte, ein etwas zu kantiges Gesicht mit energischem Kinn, und warme Augen, ob braun oder blau ließ sich in dem Halbdunkel nicht erkennen. Der helle Parka passte nicht zu ihm, an seiner Stelle hätte sie sich einen dunkelroten oder blauen zugelegt, aber was ging sie das an? Sie würde ihn vermutlich sowieso nicht wiedersehen. Außerdem erinnerte er Julie zu sehr an den Captain des Eishockeyteams an ihrem College, mit dem sie zum Abschlussball gegangen war. Der war wahnsinnig von sich selbst überzeugt und hielt sich auch für etwas Besseres, nur weil er ein paar Tore mehr als die anderen schoss. Sie zweifelte nämlich an Joshs Geschichte, dass er von einem Elch aus der Spur gebracht worden war. Elche blieben lieber in den Tälern und an den Flussufern. Wahrscheinlicher war, dass er die Kurve zu schnell angegangen und deshalb vom Schlitten gestürzt war. Aber das hätten wohl die wenigsten Männer zugegeben, schon gar nicht gegenüber einer Frau. Schlimm genug, dass Frauen das Iditarod gewannen, das legendäre Hundeschlittenrennen über tausend Meilen von Anchorage nach Nome.

Sie kehrten zu ihren Schlitten zurück. Inzwischen war die letzte Helligkeit verschwunden, und ein samtschwarzer

Himmel wölbte sich über dem Trail. Nur wenige Wolken waren zu sehen, ein sicheres Zeichen dafür, dass eine kalte Nacht bevorstand. Der Wind rauschte leise in den Baumkronen. Der Trail verlief in einiger Entfernung parallel zur asphaltierten Straße nach Chena Hot Springs, doch um diese Jahreszeit gab es kaum Touristen, und es waren nur wenige Autos unterwegs. Die Stille war fast zu greifen und wurde erst durch das laute Jaulen der Huskys gestört, die sich über ihr Kommen freuten.

Julie begrüßte ihre Hunde mit ein paar freundlichen Worten und sah Josh zu, der sich ebenfalls zu seinem Leithund hinabbeugte und ihn ausgiebig zwischen den Ohren kraulte. Er mochte ein wenig eingebildet sein und sie vielleicht sogar beschwindelt haben, aber was machte das schon, wenn man so ausdrucksvolle Augen wie er besaß. Sie waren braun, glaubte sie inzwischen. »Treue Hundeaugen«, hätte ihre Freundin Brandy wohl gesagt. Brandy hielt sich für eine Expertin, was Männer betraf, obwohl sie keinen Freund länger als ein paar Wochen halten konnte und ständig Ärger mit ihren Lovern hatte.

Josh drehte sich zu ihr um. Jetzt war wieder dieser leicht überhebliche Ausdruck in seinen Augen, und ihr Herz klopfte wesentlich langsamer. Er deutete auf ihre Hunde. »Ein gutes Gespann. Trainierst du für ein Rennen?«

Sie schüttelte lachend den Kopf. »Dafür sind wir zu langsam. Chuck ist der beste Leithund, den man sich vorstellen kann, und er hat mehr Ausdauer als ein Rennpferd, aber mit Wettkämpfen hat er's nicht so. Ich hab den Verdacht, er findet sie albern.« Sie tätschelte Chuck den Rücken, als wollte sie sich für ihre kritischen Worte entschuldigen. »Und du? Du fährst doch nicht zum Spaß über diesen anspruchsvollen Trail. Willst du beim Iditarod mitmachen?«

»Nicht nur das«, erwiderte er mit jenem selbstsicheren Lächeln, das sie von dem Eishockey-Captain kannte. »Ich will das Iditarod gewinnen! Dann wäre ich der jüngste Gewinner aller Zeiten, und es gäbe einen riesigen Rummel! Ein Interview auf CNN, das wär's doch.«

»Nur deswegen willst du mitmachen?«

Er lächelte. »Na ja, das Preisgeld wäre auch nicht zu verachten. Und meine Eltern würden endlich kapieren, dass es sich auch lohnen kann, nach dem College nicht gleich auf die Law Enforcement Academy zu gehen. Ich kann noch früh genug als State Trooper anfangen.« Er gab seinem Leithund einen freundschaftlichen Klaps und stieg auf die Kufen seines Schlittens. »Mein Dad war mal Trooper, als wir noch in der Nähe von Valdez wohnten, und will natürlich, dass ich auch einer werde, aber mir reicht ein Job als Stellvertreter. Als Trooper hätte ich doch überhaupt keine Zeit mehr zum Schlittenfahren. Weißt du, wie viel Geld man als erfolgreicher Musher verdienen kann? Mehr als ein Trooper, das ist mal sicher. Vielleicht lasse ich die Academy sogar ganz fallen, falls ich unter den ersten drei lande. Einen Sponsor habe ich schon ...« Er drehte sich um und zeigte ihr die Rückseite seines gelben Anoraks mit dem Logo eines Hundefutterherstellers. Deshalb also die seltsame Farbe. »Und du? Fährst du etwa nur so zum Spaß über diese einsamen Trails?«

»Ich bringe mich in Form«, erwiderte sie. Die eisige Kälte schien weder ihr noch ihm etwas auszumachen. »Sonst schi-

cken mich die Ranger gleich nach Hause. Ich fange morgen früh ein Praktikum im Denali National Park an.«
»Du wirst Park Rangerin?«
»Wenn ich die Ranger überzeugen kann«, schränkte sie ein. »Nach Denali wollen viele, und ich muss schon verdammt gut sein, um dort eine dauerhafte Stellung zu bekommen. Aber woanders will ich nicht hin. Ich liebe Denali.«
Der Denali National Park war ein riesiges Naturschutzgebiet rund um den höchsten Berg der USA, den Mount McKinley. Mit seinen 6149 Metern überragte er alle anderen Gipfel der Alaska Range. »Denali« nannten ihn die Indianer, den »Großen«, und so hieß seit 1980 auch der Nationalpark.
»So viel Natur findest du in keinem anderen Staat«, fügte sie hinzu. »Ich darf mich um die Schlittenhunde kümmern und mit den Besuchern ein paar Runden drehen.«
»Und wo wirst du wohnen? In einer Unterkunft im Park?«
Sie nickte. »Die Zimmer sollen ganz gemütlich sein, hab ich mir sagen lassen. Und das Essen können wir uns selbst kochen. Ich bin zwar keine große Köchin, aber für ein paar Rühreier oder einen Hamburger reicht es noch.«
»Wie wär's mit einer Pizza?«
Sie grinste. »Die kriege ich auch hin. Eine tiefgefrorene natürlich.«
»Ich meinte eigentlich die leckeren Pizzas bei Luigi in der Fourth Street. In Fairbanks gibt es keine besseren. Heute Abend um sieben? Dann bekommst du wenigstens noch einmal was Anständiges zu essen, bevor du selbst zu brutzeln anfängst. Ich lade dich natürlich ein. Ist doch Ehrensache

nach der Rettungsaktion. Wenn du nicht gewesen wärst, hinge ich vielleicht immer noch auf dem steilen Hang. Na, was meinst du? Soll ich dich abholen, Julie?«

Ein Date, eine Einladung zu einem wirklichen Date, hatte sie schon seit einigen Monaten nicht mehr bekommen. Genau genommen war Julies letztes Date der Abschlussball am College gewesen, doch darüber wollte sie jetzt nicht nachdenken. Sie war eben nicht der Typ, der Männer aus der Fassung brachte, kein Cheerleader und auch kein Modepüppchen. Und ihre honigblonden Haare band sie lieber zu einem praktischen Pferdeschwanz zusammen, als sie mit teuren Extensions aufzupeppen und mit pfundweise Spray in Form zu bringen. High Heels hatte sie erst drei Mal getragen, bei den Abschlussbällen der Highschool und des College und bei der Party, die ihr Vater bei seiner Beförderung zum Oberarzt gegeben hatte. Im Winter trug sie feste Wanderschuhe oder Stiefel und meist Hose, Pullover und Anorak oder, wenn sie mit dem Schlitten loszog, den dunkelroten Outdoor-Overall, den sie von ihrem Vater zum Geburtstag bekommen hatte.

»Du könntest dich ruhig mal als Dame verkleiden«, sagte er manchmal, obwohl er anderen gegenüber stets ihren frischen Teint und ihre ungezwungene Art betonte und sogar damit angab, dass sie in einem der größten und schönsten Nationalparks arbeiten würde. Eigentlich hatte er sich gewünscht, sie würde in seine Fußstapfen treten und Ärztin oder wenigstens Krankenschwester werden, aber ihr reichten die Erzählungen ihres Vaters und ihrer Mutter, die ebenfalls Ärztin war und sich vor drei Jahren mit einem anderen

Mann nach Kalifornien abgesetzt hatte. Ihr Vater hatte kaum darunter gelitten. Er war sowieso mit seinem Krankenhaus verheiratet und so selten zu Hause, dass die Scheidung kaum einen Unterschied für ihn gemacht hatte.

»Ich kann leider nicht«, erwiderte sie nach einer längeren Pause. »Wie gesagt, ich fange morgen mit meinem Praktikum an und muss schon um sieben Uhr früh beim Superintendent auf der Matte stehen. Der hat das Sagen im Park. Würde keinen guten Eindruck machen, wenn ich dort verschlafen auftauche oder zu spät komme.«

Was würde es auch für einen Sinn machen, ausgerechnet am letzten Abend mit einem jungen Mann auszugehen, den sie danach wahrscheinlich nie wiedersehen würde. Bis zum Denali National Park waren es über hundert Meilen, und bei ihrem Vorstellungsgespräch hatte sie von einer Rangerin erfahren, dass man im Winter höchstens alle vier Wochen nach Fairbanks fuhr. Und die Zeit würde sie zum Einkaufen und einem Besuch bei ihrem Vater nutzen müssen. Da blieb wenig Zeit für eine Beziehung. Der Superintendent hatte nicht umsonst gefragt, ob sie vergeben war, und zufrieden gegrinst, als sie verneint hatte. »Wenn Sie es zu etwas bringen wollen, würde ich mich in nächster Zeit ganz auf meine Arbeit konzentrieren. Ich hatte im Sommer schon zwei junge Leute zu einem Praktikum hier und kann wahrscheinlich nur eine, höchstens zwei feste Anstellungen vergeben. Strengen Sie sich an, junge Dame, und blicken Sie nur nach vorn!«

»Eine Stunde wirst du doch erübrigen können«, ließ Josh nicht locker. »Oder willst du, dass ich ewig in deiner Schuld stehe? Denk mal daran, was deine Freundinnen für Augen machen werden, wenn du ihnen erzählst, dass du mit einem Champion zum Essen warst. Wer kann das schon von sich sagen?«

Es war wohl dieser Satz, der sie auf fatale Weise an einen Spruch des Eishockey-Captains erinnerte, und sein arrogantes Grinsen, das sie bewog, endgültig Nein zu sagen. Er empfand sicher nur Mitleid für sie. So wie sie angezogen und gestylt war, konnte sie keinem jungen Mann gefallen.

»Außerdem hab ich meine Haare nicht gemacht«, sagte sie. »Und ich muss noch meinen Koffer packen und die Hunde füttern ... nein, es geht wirklich nicht, Josh.«

»Schade«, erwiderte er, »ich hätte mich gern revanchiert.«

»Vielleicht ein anderes Mal.«

»Du meinst, ich kann dich im Nationalpark besuchen?«

»Aber nur an meinen freien Tagen«, sagte sie. Der kommt sowieso nicht, dachte sie insgeheim. Sobald er um die nächste Biegung ist, hat er mich schon wieder vergessen. Und ich ihn auch, fügte sie beinahe trotzig hinzu. Wenn ich mit ihm was anfange, hätte ich mich auch auf den Eishockey-Captain einlassen können. Ein schnelles Abenteuer mit so einem muss ich mir nicht geben.

»Dann wünsche ich dir viel Glück, Julie«, riss Josh sie aus ihren Gedanken. »Ich bin gespannt, wie dir die Uniform steht. Wirst du auch einen von diesen breitkrempigen Hüten tragen?«

»Der gehört zur Uniform dazu. Auf Wiedersehen, Josh!«

Josh stieg auf seinen Schlitten. Nachdem er den Anker aus dem Schnee gezogen hatte, blickte er sie noch einmal an, und sie glaubte trotz der Dunkelheit so etwas wie verletzte Eitelkeit in seinem Blick zu erkennen. Oder bedauerte er tatsächlich, sie nicht zum Essen ausführen zu können? Vielleicht hatte sie sich in dem jungen Mann getäuscht, und er mochte sie tatsächlich.

Sie löste ebenfalls den Anker und trieb ihre Hunde an. Ohne Hast lenkte sie den Schlitten weiter nach Osten. Sie wohnte in der Guest Lodge von Queen Elizabeth, wie fast jeder die Besitzerin wegen ihres Namens und ihres stattlichen Auftretens nannte, hatte dort ein Vierteljahr als Mädchen für alles gearbeitet und neben freier Kost und Unterkunft noch ausreichend Hundefutter für ihre Huskys bekommen. Ihren Vater fragte sie ungern nach Geld.

Während die Hunde gemächlich den Spuren anderer Gespanne folgten, lehnte Julie mit beiden Unterarmen auf der Haltestange und wurde plötzlich unsicher. Vielleicht hätte sie sich doch auf ein Date einlassen sollen. So einen attraktiven jungen Mann bekam man nicht alle Tage zu fassen, und was machte es schon, wenn er am nächsten Morgen wieder verschwunden war?

Eine ganze Menge, tröstete sie sich und feuerte ihre Hunde an. »Wollt ihr wohl laufen, ihr Faulpelze? Nun macht schon, ich will endlich nach Hause. Wir sind spät dran, und ich hab keine Lust, heute Abend ohne den leckeren Eintopf der Queen ins Bett gehen zu müssen. Vorwärts, Chuck, schneller!«

Doch als die Huskys eine schnellere Gangart einschlugen und sie sich immer schneller von dem jungen Mann entfernte, wurde sie wütend und fluchte insgeheim. So dumm kann doch nur ich sein! Gibt dem Doppelgänger von Robert

Pattinson einen Korb! Oder sah er eher wie der junge Brad Pitt aus? »Heya, heya, Chuck! Warum trödelt ihr so? Sonst gibt's heute Abend kein Fressen!«

Die Huskys schienen sie zu verstehen und rannten noch schneller. Nur Chuck drehte sich verwundert um und schien zu fragen: Was ist mit dir los? Was sollen diese nervösen Kommandos? Müssen wir uns Sorgen machen?

2

Die Happy Loon Lodge von »Queen« Elizabeth McCormick lag ungefähr zehn Meilen östlich von Fairbanks an einer Seitenstraße des Chena Hot Springs Highway. Das zweistöckige Blockhaus ragte am Ufer eines kleinen Sees zwischen den Bäumen empor, weit genug vom Highway entfernt, um den Gästen das Gefühl zu geben, ihren Urlaub in der Wildnis zu verbringen.

Queen Elizabeth war um die fünfzig und joggte jeden Morgen eine Stunde durch den Wald, auch im Winter, wenn die Temperaturen weit unter null lagen. Selbst jüngere Gäste, die sich ihr beim Frühsport anschlossen, hatten manchmal Mühe, mit ihr Schritt zu halten. Sie war gerade vor dem Haus und nahm einige Holzscheite von dem Brennholzstapel neben der Tür, als Julie den Schlitten bremste und von den Kufen stieg. »Beeil dich!«, rief sie mit gedämpfter Stimme, damit man sie im Haus nicht hörte. »Wir haben einen Gast, einen jungen Mann aus Chicago, der fragt mir schon den ganzen Nachmittag ein Loch in den Bauch. Ob er die richtige Kleidung für eine Wintertour dabeihat, ob er Angst vor Wölfen haben muss, ob es schwer ist, auf Schneeschuhen zu laufen, was Touristen so fragen. Wäre nett, wenn du mich ablösen könntest, während ich das Essen fertig koche. Den Tisch hab ich schon gedeckt.«

Julie verspürte keine große Lust, sich mit einem Fremden zu unterhalten, sie hätte lieber ihren Koffer gepackt und den Schlitten auf ihrem Pick-up festgeschnallt, konnte ihrer Wirtin aber schlecht einen Wunsch abschlagen. »Mache ich«, versprach sie. »Sobald ich mit den Huskys fertig bin, nehme ich mir den Knaben vor.« Sie verwöhnte Chuck mit einem freundschaftlichen Klaps und befreite die Hunde von ihren Geschirren. »Gibt's heute wieder Elcheintopf?«

Elizabeth lachte. »Mit viel Fleisch und wenig Kartoffeln, wie du ihn magst. Und gegen ein Glas Limonade hast du sicher auch nichts einzuwenden.« Auf ihre selbst gemachte Limonade war die Wirtin besonders stolz.

»Ganz nach meinem Geschmack.«

Die Aussicht auf ein schmackhaftes Abendessen ließ sie noch schneller arbeiten. Sie fütterte die Hunde mit dem Futtermix, den sie am liebsten mochten, mischte ordentlich Wasser unter den getrockneten Lachs und den Reis, damit sie genug Flüssigkeit bekamen, und redete ihnen gut zu, bevor sie ins Haus ging: »Dass ihr mir keinen Ärger macht! Keine Streitereien und keine Jaulkonzerte, hört ihr? Wir müssen morgen früh um vier Uhr los, und wer weiß, was uns im Nationalpark noch alles erwartet.«

Nachdem sie ihren Parka, die Mütze und die Handschuhe ausgezogen und sich ein wenig frisch gemacht hatte, ging sie ins Esszimmer und begrüßte den Gast. Er stand mit einem Glas Limonade am Fenster und stellte sich als Scott Jacobsen vor, ein schlanker Mann um die dreißig, in dessen Augen eine wilde Entschlossenheit zu erkennen war. Aber vielleicht sahen alle Männer in Chicago so aus, dachte

Julie. Er trug Jeans, Sweatshirt und Laufschuhe und sprach mit jenem nasalen Dialekt, den sie aus alten Gangsterfilmen kannte. »Sie sind eine … wie sagt man? Eine Musherin?«, begann er die Unterhaltung.

»Ich fahre einen Hundeschlitten«, bestätigte sie, »das tun einige Frauen hier oben im Norden.« Sie lächelte. »Wir sind nicht so zart besaitet wie die Frauen in Chicago, und zum Shoppen gibt es hier auch wenig Gelegenheit.«

Jacobsen lächelte, und für einen Moment verschwand sogar die Entschlossenheit aus seinen Augen. »Die Frauen in Chicago sind auch nicht gerade zimperlich, weder im Büro noch im Einkaufscenter, aber wenn es um Sport geht, klettern sie auf Laufbänder oder Ergometer oder joggen am See entlang. Mit Hundeschlitten haben die wenig im Sinn. Obwohl wir Schnee genug hätten.«

»Fitnesscenter brauchen wir hier nicht«, erwiderte Julie, »wir haben Natur genug. Jedes Mal, wenn ich mit meinen Hunden losziehe, denke ich, wir sind im Paradies gelandet. Wer hier nicht vor die Tür geht, ist selbst schuld.«

»Bei vierzig Grad minus?«

»So kalt wird es nur an wenigen Tagen. Im Winter sind es meist zwischen zwanzig und dreißig Grad minus, aber wenn man sich richtig anzieht, können die einem wenig anhaben. Ich bin auch im Winter die meiste Zeit draußen.«

Er nahm einen Schluck von seiner Limonade und blickte sie forschend an. Plötzlich war auch wieder dieser seltsame Ausdruck in seinen Augen, als würde er von irgendetwas getrieben. Um seinen Mund zuckte es nervös. »Ist es eigentlich schwer, auf Schneeschuhen zu laufen?«, fragte er unvermittelt.

»Ein wenig Übung braucht man dazu schon«, antwortete sie. »Das ist so wie beim Radfahren. Ein paarmal fällt jeder hin, bevor es einigermaßen klappt.« Sie wusste nicht so recht, was sie von dem Mann halten sollte. »Sind Sie deswegen nach Alaska gekommen? Um auf Schneeschuhen zu laufen?«

Er lächelte wieder. »Langlaufen kann ich nicht, mit einem Hundeschlitten kann ich auch nicht umgehen, und Snowmobile sind im Nationalpark nicht erlaubt, also werde ich mir wohl oder übel Schneeschuhe anschnallen müssen, wenn ich den Mount McKinley aus der Nähe sehen will. Ich habe mich für eine Schneeschuhwanderung angemeldet, am kommenden Wochenende.«

»Sie wollen nach Denali?« Elizabeth war mit dem Eintopf im Zimmer erschienen und hatte die Antwort von Jacobsen mitbekommen. »Dann wird Ihnen wohl Julie das Schneeschuhlaufen beibringen. Sie fängt morgen als Rangerin in Denali an.« Sie stellte die Schüssel mit dem Eintopf auf den Tisch. »So, und jetzt setzen Sie sich bitte! Es gibt Elcheintopf mit Kartoffeln.«

Jacobsen staunte. »Sie arbeiten als Rangerin? Am Mount McKinley?«

»Wir nennen ihn Denali«, verbesserte ihn Julie, während sie sich setzte, »wie die Indianer. Sogar den Nationalpark haben sie umbenannt, schließlich gehörte das ganze Land mal den Indianern.« Sie schob ihm die Schüssel hin. »Ich mache ein Praktikum im Park. Ob ich dauerhaft dort arbeiten kann, wird sich noch klären. Denali ist ein begehrter Park, da wollen viele Ranger hin.«

»Kommt man auf der Wanderung nahe an den Berg ran?«

Julie wartete, bis sich Elizabeth genommen hatte, und griff nach der Schüssel. »So richtig nahe kommen nur Bergsteiger an den Denali ran«, erklärte sie, »und auch die tun sich schwer. Der Berg mag nicht so hoch wie der Mount Everest sein, aber er kommt einem wesentlich größer vor, sagen die Bergsteiger, die am Himalaya gewesen sind, weil er wie ein einsamer Riese über der Alaska Range thront. ›Wie ein König im weißen Mantel‹, hat mal jemand geschrieben. Das Wetter dort oben ist unberechenbar, und selbst unterhalb des Berges wechselt es so schnell, dass man sogar im Sommer jederzeit von einem Schneesturm überrascht werden kann. Dann bleibt wenig Zeit, um sich in Sicherheit zu bringen.« Sie kam sich plötzlich wie eine Lehrmeisterin vor. »Nein, auf einer Wanderung halten wir Abstand zum Berg. Viel wichtiger ist, ob man ihn überhaupt sehen kann. Zurzeit sieht das Wetter gut aus.«

»Und bleibt hoffentlich so bis Samstag.« Er aß von dem Eintopf und nickte der Wirtin anerkennend zu, wandte sich aber gleich wieder an Julie. »Ich habe gelesen, die Wickersham Wall wäre die schwierigste Route auf den Berg.«

Julie kaute genüsslich. »Sie haben sich gut informiert, Mister Jacobsen. Ich habe in letzter Zeit auch viel über den Berg gelesen. Die Nordroute über die Wickersham Wall ist tatsächlich am gefährlichsten. Dort sind schon etliche Bergsteiger gescheitert, und manche sind in der Wand sogar tödlich verunglückt. Aber keine Angst, auf der Wanderung kommen Sie der Wand nicht allzu nahe. Auch ich habe sie nur einmal aus einem Hubschrauber gesehen.«

»Dann bin ich beruhigt«, erwiderte Jacobsen. Sein Lächeln wirkte diesmal aufgesetzt, als würde er Julie nur etwas vormachen, und sie fragte sich unwillkürlich, was einen Mann aus Chicago so am Mount McKinley interessierte. Hatte er geglaubt, die Wanderung würde auf den Gipfel führen? So naiv konnte er doch nicht sein, obwohl sie erst kürzlich einen Film über den Mount Everest gesehen hatte. Inzwischen stiegen sogar blutige Anfänger auf den Berg, auch weil Veranstalter mit dem falschen Ehrgeiz dieser Leute ihre Geschäfte machten, und im Fernsehen wurde alle paar Monate über den Tod eines dieser leichtsinnigen Abenteurers berichtet. Am Mount McKinley sorgten die Ranger dafür, dass nur erfahrene Bergsteiger auf den Gipfel stiegen.

»Warum interessieren Sie sich so für den Berg?«, fragte sie.

»Ich?« Die Frage schien ihn zu verwirren. »Ich hab mich schon immer für die Berge interessiert. Bevor meine Eltern nach Chicago zogen, wohnten sie in Montana an der kanadischen Grenze. Da gab es einige Berge, an denen man sich beweisen konnte. Mein Vater war ein begeisterter Bergsteiger, keiner, der sich an einen Achttausender wagte, aber auch kein Leichtgewicht. Leider kam er später bei einem Unfall ums Leben. Seitdem arbeite ich mich durch seine Bibliothek. Bei meiner Mutter stehen über hundert Bergsteigerbücher in den Regalen. Die Bücher über Alaska haben mir besonders gefallen. Der Mount McKinley wäre der gewaltigste Berg der Erde, steht in einem der Bücher, deshalb wollte ich ihn unbedingt aus der Nähe betrachten.«

Nach dem Essen rettete sich Julie, indem sie der Wirtin beim Abräumen half, und atmete erleichtert auf, als Jacobsen sich verabschiedete und in seinem Zimmer verschwand. »Ich dachte schon, der hört gar nicht mehr auf«, sagte sie leise. »Der klingt ja fast so, als wollte er den Denali besteigen. Das fehlte uns noch ... ein Greenhorn aus Chicago, der sich in den Bergen verirrt. Bin ich froh, dass ich auf der Wanderung nicht dabei bin. Um Kindermädchen für so einen zu spielen, hab ich mich bestimmt nicht zu den Rangern gemeldet. Da bleibe ich lieber im Tal und kümmere mich um die Huskys.«

Um vier Uhr früh brach Julie auf. Sie stellte den Koffer mit den wenigen Habseligkeiten, die sie bei den Rangern brauchte, und die Plastikwanne mit den Lebensmitteln auf den Beifahrersitz ihres Pick-ups und blieb überrascht stehen, als Elizabeth im Morgenmantel aus ihrem Schlafzimmer kam und ihr eine Schachtel Pralinen und einen Umschlag in die Hand drückte. »Ich hab deinen Lohn nach oben aufgerundet, falls dich die Ranger an der kurzen Leine halten. Und die Pralinen sind aus der Schweiz ... was ganz Besonderes.«

»Sie waren sehr gut zu mir, Elizabeth.« Julie umarmte die Wirtin und bedankte sich noch einmal, dann verließ sie das Haus und band ihre Huskys los. Sie warteten bereits ungeduldig, spürten natürlich, dass heute ein ganz besonderer Tag war, auch für sie. Julie lud einen Hund nach dem anderen in die vergitterten Verschläge, die auf die Ladefläche ihres Pick-ups geschraubt waren und ihn wie einen Camper aussehen ließen, nur dass in dem Aufbau keine Menschen, sondern Tiere wohnten. Den Huskys machten die engen

Verschläge nichts aus. Sie wussten ganz genau, dass Julie sie bald wieder herauslassen würde und in der Freiheit eine besondere Belohnung auf sie wartete. Den Schlitten hatte Julie bereits am Abend auf den Aufbau geschnallt.

Auf der Straße nach Fairbanks begegnete sie keinem einzigen Wagen. Über Nacht waren einige dunkle Wolken aufgezogen, und es hatte leicht zu schneien begonnen, eher ein Vorteil für Julie, weil die Reifen ihres Pick-ups besseren Halt auf der ansonsten sehr glatten Straße fanden. Das Licht der Scheinwerfer spiegelte sich auf dem Schnee und vermischte sich mit dem blassen Licht des Vollmonds, der sich zwischen zwei Wolken geschoben hatte. Julie hatte kein Radio laufen, sie gehörte nicht zu denen, die ständig berieselt werden mussten, und konzentrierte sich lieber auf das Knarren der Scheibenwischer, das dumpfe Geräusch, das die Reifen im Neuschnee verursachten, und das Jaulen ihrer Huskys, die spürten, dass ein Ortswechsel bevorstand.

Auch Fairbanks lag noch wie ausgestorben unter dem nächtlichen Himmel. Die Straßenlampen bildeten helle Tupfer in dem Schneetreiben und ließen die Flocken wie glitzerndes Konfetti aussehen, und selbst auf dem breiten Highway waren nur vereinzelte Wagen zu sehen. Ein Räumfahrzeug kam ihr entgegen und schleuderte nassen Schnee gegen ihre Windschutzscheibe, traf wohl auch einige der Hunde, ohne dass sich einer der Huskys beklagte. Die Scheibenwischer brauchten einige Takte, um ihr wieder die volle Sicht zu ermöglichen. Zum Glück hielt sich das Schneetreiben noch im Rahmen.

In der Innenstadt blickte sie an dem klobigen Bau des

Fairbanks Memorial Hospitals empor. Die Fenster der Operationssäle waren hell erleuchtet, und wenn ihr Vater heute Nachtdienst hatte, beugte er sich bestimmt gerade über einen Patienten. Sie hatte sich schon vor zwei Tagen von ihm verabschiedet. In der Cafeteria des Krankenhauses hatte er sie zu einem Cappuccino eingeladen und ihr einen Schein zugesteckt, dann war er gleich wieder verschwunden, eine wichtige Operation, bei der es wie immer um Leben und Tod ging. Ihr Vater neigte zur Theatralik, wenn er über seinen Beruf berichtete. »Mach deinem Vater keinen Kummer«, sagte er zum Abschied, »pass auf dich auf!«

Ihr Vater hatte es noch nie verstanden, Gefühle zu zeigen. Vielleicht ein Grund dafür, dass Julies Mutter davongelaufen war. »In unserem Beruf musst du dich abgrenzen können«, hatte er schon mehrmals gesagt, »wenn du dich zu sehr auf deine Patienten einlässt, hast du schon verloren. So viel Schmerz könntest du nicht ertragen.« Leider übertrug er diesen Leitspruch auch auf sein Privatleben. Er brachte es nicht fertig, seine Gefühle zu zeigen, und schreckte sogar davor zurück, sie zu umarmen, obwohl er sie mehr als alles andere liebte. Nicht nur auf seinem Schreibtisch stand ihr Foto, er trug sogar eines in seinem Arztkittel spazieren. »Du bringst mir Glück«, sagte er.

Eine der wenigen Ampeln, die auch um diese Zeit eingeschaltet waren, sprang auf Rot und zwang sie anzuhalten. Sie ließ ihren Blick über die Straße wandern. Gegenüber lag eine der größten Tankstellen der Stadt, ein hell beleuchteter Flachbau mit vier überdachten Fahrspuren und einem Lokal, vor dem mehrere Trucks parkten. Doch sie hatte nur Augen für den jungen Mann im gelben Parka, der aus einem Pickup wie ihrem stieg und seinen Wagen betankte. »Das ist Josh!«, flüsterte sie überrascht. »Was macht der denn hier?«

Sie wechselte die Fahrspur, um an der nächsten Kreuzung umdrehen und zu ihm fahren zu können, und war bereits dabei, das Fenster herunterzulassen, als die Beifahrertür seines Wagens aufsprang, und eine junge Lady in einer modischen Pelzjacke ausstieg. Unter der Jacke schaute ein rotes Kleid hervor. Sie trug pelzbesetzte Stiefel und lief geduckt durch das leichte Schneetreiben zum Tankstellengebäude, wahrscheinlich, um dort die Toilette zu benutzen.

»Ach nee!«, flüsterte sie. »Mich zur Pizza einladen, und kaum spure ich nicht so, wie du willst, hast du schon eine andere an der Angel!« Sie ließ wütend das Fenster hoch. »Wer ist das? Die Beautyqueen vom College?«

Sie duckte sich rasch, als Josh in ihre Richtung blickte, und spähte vorsichtig über das Lenkrad hinweg. Im hellen Licht der Tankstelle war sein Gesicht deutlich zu sehen. Es war Josh, daran gab es keinen Zweifel! Der Mistkerl hatte sich eine andere gesucht, eine aufgedonnerte Tussi, und mit ihr gleich die halbe Nacht durchgefeiert. Sein gutes Recht, wenn man es nüchtern sah, immerhin hatte sie ihn abblitzen lassen, aber einen besonderen Eindruck schien sie nicht auf ihn gemacht zu haben, sonst hätte er bestimmt anders gehandelt.

Die Ampel schaltete auf Grün, und sie machte, dass sie weiterkam. Im Seitenspiegel beobachtete sie, wie Josh auf die verlassene Straße lief und ihr nachblickte. Vor lauter Schreck verriss sie das Steuer und geriet ins Schleudern, prallte mit dem linken Vorderrad gegen den Bordstein und konnte von Glück sagen, dass sie allein auf der Straße war und ihr kein anderer Wagen entgegenkam. Nur mühsam bekam sie ihren Pick-up wieder unter Kontrolle und fuhr langsam weiter, den jungen Mann noch immer im Spiegel.

Als die Straße einen Bogen machte und er aus ihrem Blickfeld verschwand, atmete sie erleichtert auf. Sie beschleunigte vorsichtig und bog auf den Highway nach Süden, die Straße, die zum Denali National Park und dann weiter nach Anchorage führte. Gegen ihre Angewohnheit stellte sie das Radio an und schaltete auch nicht ab, als einer dieser unsäglichen Top-40-Hits erklang, der ihr schon seit einigen Wochen auf die Nerven ging. Immer wenn sie das Radio einschaltete oder in einen Raum kam, in dem ein Radio lief, war dieser Song zu hören: der erste Hit eines »American Idol«-Gewinners. Genau das Richtige, um ihre Gedanken in eine andere Richtung zu lenken.

Auf dem Highway war etwas mehr Verkehr. Etliche Trucks begegneten ihr und deckten sie jedes Mal mit dem Schnee ein, der unter ihren Rädern nach oben spritzte. Ihre Scheinwerfer blendeten. Eine Weile war sie gezwungen, hinter einem Räumfahrzeug zu fahren, auch um gegen den böigen Wind geschützt zu sein, der plötzlich über den Highway blies, dann überholte sie und blieb in den tiefen Spuren, die ein Truck in den Neuschnee gegraben hatte.

Sie brauchte über zwei Stunden für die 120 Meilen und freute sich, als endlich die Lichter von Denali vor ihr auftauchten, der kleinen Siedlung, die um den Eingang zum Nationalpark entstanden war. Einige Hotels, Motels und

Restaurants, eine Tankstelle, mehrere Ferienhäuser und der Bahnhof der Alaska Railroad, das älteste Gebäude der Gegend. Sie bog nach Westen ab und folgte der Straße zum Nationalpark, fuhr am Besucherzentrum vor und folgte der Park Road bis zu den drei Meilen entfernten Park Headquarters.

»Sieben Uhr an einem eisigen Wintermorgen«, verkündete eine Stimme im Radio, bevor Julie den Motor abstellte und aus dem Wagen stieg, »und ich kann Ihnen schon mal sagen, dass die Temperaturen weiter fallen werden! Arktische Kälte ist angesagt, denn wenn Sie gedacht haben, der Winter würde uns diesmal verschonen, haben Sie sich leider verrechnet. Heute braucht sogar der Wetterfrosch einen Mantel. Kein Problem, wir haben heiße Musik ...«

3

Julie schaltete das Radio aus und betrachtete sich prüfend im Innenspiegel, bevor sie ausstieg und geduckt über den verschneiten Parkplatz lief. Das Büro des Superintendent befand sich im Verwaltungsgebäude, einem verwinkelten Blockhaus mit einem spitzen Giebeldach über dem Eingang. Im Flur war es angenehm warm. Sie wischte sich den Schnee vom Gesicht und klopfte.

»Herein!« Die Stimme des Superintendent klang so energisch wie beim letzten Mal, als sie sich vorgestellt und um das Praktikum beworben hatte.

Julie betrat das Büro und begrüßte ihren neuen Vorgesetzten, der aufgestanden war und auf den Besucherstuhl deutete. John W. Green war ein imposanter Mann, groß gewachsen, die grauen Haare sauber gescheitelt, buschige Brauen über stahlblauen Augen. Seine maßgeschneiderte Uniform saß ihm wie angegossen. »Auf die Minute«, lobte er sie nach einem Blick auf seine Uhr, »bei den Rangern legen wir großen Wert auf Pünktlichkeit. Andere Leute mögen darüber lachen, aber uns erleichtert sie die Arbeit kolossal.« Er setzte sich und öffnete ihre Personalakte im Computer. »Julie M. Wilson, 21 Jahre, wohnhaft in Fairbanks, Highschool, College, Bachelor's Degree in Naturwissenschaften, Erste-Hilfe-Kurs, weitere Kurse in Sports Management …« Er blickte vom Computer auf. »Sie bringen alle Voraussetzungen für eine erfolgreiche Ranger-Laufbahn mit, Miss Wilson. Aber noch wertvoller ist die Erfahrung, die Sie sich nur während eines Praktikums aneignen können. So habe ich auch mal begonnen.« Er lächelte. »Ist schon eine ganze Weile her. Damals war dieser Park wesentlich kleiner und hieß noch Mount McKinley National Park.«

»Bis er am 2. Dezember 1980 um beinahe die Hälfte vergrößert wurde«, ergänzte Julie lächelnd. »Ich habe die Bücher, die Sie mir empfohlen haben, eingehend studiert. Nicht nur wegen der schriftlichen Prüfung, die ich irgendwann ablegen muss, sondern vor allem wegen der Besucher, die hier vorbeikommen. Den Rangern fragen die Leute doch ein Loch in den Bauch.«

»Und es ist besser, man weiß auf jede dieser Fragen eine Antwort, das ist richtig.« Auch der Superintendent lächelte jetzt. »Ich sehe, wir verstehen uns. Sie passen gut zu uns, Miss Wilson ... oder darf ich Julie sagen?« Sie nickte, und er fuhr fort: »Wir sind eine große Familie. Das mag ein bisschen abgeschmackt und wie eine Floskel klingen, aber so ist es tatsächlich. Einen ›eingeschworenen Haufen‹ nenne ich uns Ranger gern, denn nur, wenn sich einer auf den anderen verlassen kann, können wir auf einsamen Patrouillen oder Einsätzen im Hinterland bestehen. Denken Sie immer daran, Julie: Es gibt kaum einen Beruf, der in der Öffentlichkeit so angesehen ist wie der des Park Rangers, und es liegt an uns allen, diesem Image auch gerecht zu werden. Dass ein solcher Zusammenhalt feste Regeln erfordert, versteht sich von selbst. Ranger Schneider wird Sie über alles informieren und Ihnen auch Ihr Zimmer und die anderen Örtlichkeiten zeigen. Ich habe Sie für die Hundezwinger einteilen lassen, was nicht heißt, dass ich Sie nicht auch anderweitig einsetzen werde. Im Winter sind wir auf allen Positionen etwas schwächer besetzt, und Sie bekommen einiges zu tun. Gleich am Wochenende werden Sie Ranger Schneider begleiten und mit ihr eine Wandergruppe zum Denali führen. Ich hoffe, das ist in Ihrem Sinne.«

»Natürlich, Sir«, sagte sie eifrig. »Und ich freue mich vor allem auf die Arbeit mit den Hunden. Ich bin eine begeisterte Musherin …«

Draußen waren Schritte laut geworden, es klopfte, und eine Rangerin betrat den Raum. »Tut mir leid, Sir. Es gab wieder mal Ärger mit Rowdy. Wenn er so weitermacht, werde ich ihn wohl aus dem Gespann werfen müssen.«

»Vielleicht wird unsere neue Praktikantin mit ihm fertig«, erwiderte der Superintendent. »Julie Wilson, sie ist eine begeisterte Musherin und wird sich hauptsächlich um die Hunde kümmern, unter Ihrer Anleitung natürlich. Julie, das ist Ranger Carol Schneider, sie arbeitet schon ein paar Jahre im Park.«

Julie war aufgestanden und reichte der Frau die Hand. Sie war Ende zwanzig, wirkte sehr sportlich und durchtrainiert und hatte ihre dunklen Haare zu einem Knoten gebunden. »Carol Schneider …«, überlegte Julie, »haben Sie nicht mal beim Iditarod mitgemacht? Sie waren Vierte, nicht wahr?«

»Fünfte«, verbesserte sie die Rangerin, »aber das ist eine Weile her.«

Der Superintendent erhob sich und begleitete die beiden Frauen zur Tür. »Ich wünsche Ihnen einen guten Start, Julie. Ranger Schneider wird Ihnen Ihre Unterkunft und die anderen Örtlichkeiten zeigen. Aber ich denke, Sie werden sich zuerst um Ihre Hunde kümmern wollen, nicht wahr?« Er lächelte verhalten. »Ich wollte auch mal am Iditarod teilnehmen. Leider hat es dazu nie gereicht. Aber ich weiß, wie anspruchsvoll manche Schlittenhunde sind.«

Zusammen mit der Rangerin fuhr Julie zu den Hundezwingern unterhalb der Park Headquarters. »Carol«, sagte die Rangerin unterwegs, »wir nennen uns hier alle beim Vornamen, nur beim Super machen wir eine Ausnahme.«

Die Hunde waren schon von Weitem zu hören. Als Julie die Abzweigung zu den Zwingern nahm, setzte ein vielstimmiges Jaulkonzert ein, das Julies Huskys lautstark erwiderten und wohl deutlich machen wollten, dass sie keinesfalls die Absicht hatten, im Nationalpark die zweite Geige zu spielen.

»Die merken, dass sie Konkurrenz bekommen«, sagte Carol.

Die Hundezwinger lagen in einer Mulde abseits der Park Headquarters. Es waren zwanzig feste Hütten, umgeben von einem hellen Holzzaun, einem Vorratsspeicher, wie überall in der Wildnis auf Stelzen gebaut, damit sich die wilden Tiere nicht daran vergriffen, und einem Schuppen, in dem Schlitten, Geschirre und andere Gerätschaften aufbewahrt wurden. Für Julies Huskys standen sechs leere Hütten bereit, weit genug von den anderen Hunden entfernt und schon mit den festgeschraubten Eimern, in denen das Futter gereicht wurde.

Wie jedes Mal kümmerte sich Julie zuerst um ihren Leithund. Nur wenn sie seine Führungsrolle innerhalb des

Gespanns anerkannte, respektierten ihn die anderen Hunde.
»Hey, Chuck!«, begrüßte sie ihn. Der Husky sprang aus seinem Verschlag und drängte sich gegen ihre Beine, ließ sich von ihr streicheln und liebkosen und brummte zufrieden, als sie seinen Kopf in beide Hände nahm und ihm einen Kuss auf den weißen Fleck drückte, der auf der Stirn sein schwarzes Fell unterbrach. »Das ist Chuck«, stellte sie ihn der Rangerin vor, »er hat in meinem Gespann das Sagen, und wenn ich nicht aufpasse, kommandiert er auch mich herum.« Sie gab ihm einen freundschaftlichen Klaps. »Ist er nicht ein Prachtkerl? Der beste Leithund südlich des Nordpols.«

Die Rangerin lachte. »Unser Skipper ist aber auch nicht ohne. Er hat sogar schon mal einen Orden bekommen, vor zwei Jahren, als er uns half, einen Vermissten in den Bergen aufzuspüren. Nur Rowdy macht uns ein wenig Kummer. Der Rabauke wird einfach nicht erwachsen. Sobald ihm etwas nicht in den Kram passt, fängt er zu bellen an und schnappt nach jedem, der ihm zu nahe kommt. Es wird allerhöchste Zeit, dass wir ihm Manieren beibringen.«

»Das kenne ich«, erwiderte Julie, während sie die anderen Hunde aus ihren Verschlägen holte und zu ihren Hütten brachte. »Curly, mein Jüngster, der mit den weißen Ohren, steht auch nicht auf Teamarbeit. Am liebsten würde er den ganzen Tag allein im Schnee herumtollen. Zum Glück hat Chuck ihn fest im Griff. Er knurrt ihn sofort an, wenn er sich nicht benimmt. Wie ein Wolf.«

Nachdem Julie ihre Hunde untergebracht und den Pickup auf dem nahen Parkplatz abgestellt hatte, machte Carol sie mit den Hunden des Nationalparks vertraut. Je nach Temperament beschnüffelten die Hunde sie neugierig, bellten herausfordernd oder straften sie mit Nichtachtung, wie eine schlanke Husky-Dame mit schwarz-weiß geflecktem Fell. Sie wandte ihr das Hinterteil zu und schien bewusst in eine andere Richtung zu blicken, als wollte sie sagen: Was fällt dieser Zweibeinerin ein, hier unangemeldet hereinzuplatzen?

Carol hatte diese Reaktion bereits erwartet. »Darf ich vorstellen? Lady, die vornehmste Dame des Nationalparks, die weiblichen Ranger eingerechnet. Eigentlich hätten wir sie ›Prinzessin‹ taufen sollen, so wie sie sich benimmt.«

»Hi, Prinzessin«, grüßte Julie die Hündin.

Keine Reaktion.

»Ich meine natürlich, es ist mir eine außerordentliche Freude, die Bekanntschaft einer so hübschen und vornehmen Hundedame zu machen«, verbesserte sie sich. »Mit diesem Aussehen und dieser eleganten Haltung würden Sie auf jeder Hundeshow den ersten Preis gewinnen! Hab ich nicht recht, Carol?«

Carol grinste. »Ganz sicher, Julie.«

Die freundlichen Worte überzeugten die Hundedame. Zumindest für ein paar Sekunden wandte sie Julie ihr Gesicht zu und schenkte ihr einen Blick in ihre blauen Augen. Sie war tatsächlich eine ausgesprochen elegante Hündin.

Ganz im Gegensatz zu Buddy, einem kräftigen Rüden, der ihr seine blitzenden Reißzähne zeigte und sich erst beruhigte, als er Julies sanfte Stimme hörte. »So böse meinst du es doch gar nicht, Buddy. Ein kräftiger Bursche wie du hat

diese Drohgebärden doch gar nicht nötig. Ich wette, du bist der kräftigste Hund hier. Ich hab auch so einen Burschen im Team. Er heißt Bronco und ist mindestens genauso stark wie du. Ich hoffe, ihr vertragt euch.«
Ihren Problemhund Rowdy brauchte Carol gar nicht vorzustellen. Bei Julies Anblick zerrte er an seiner Kette und bellte aus Leibeskräften, wie ein Wachhund, dem man zu nahe gekommen war, und wirbelte den Schnee auf, der sich vor seiner Hütte angesammelt hatte. Wie ein Irrwisch sprang er herum.
Julie blieb in respektvoller Entfernung stehen. »Du musst Rowdy sein«, sagte sie lächelnd. »Warum bist du denn so wütend? Du musst doch nicht so einen Lärm machen. Oder kannst du mich nicht leiden? Das glaube ich nicht, Rowdy. Ich kann dich nämlich ganz gut leiden. Du bist ein stattlicher Kerl und hast sicher einiges drauf. Also mach nicht solch einen Lärm, sonst erinnerst du mich noch an meine Highschool-Zeit. Da gab es einen Jungen, der war genauso wie du, immer die große Klappe. Leider hatte er sonst wenig zu bieten. Das ist bei dir anders, da bin ich ganz sicher. Du bist ein guter Hund.«
Rowdy schien sie zu verstehen und hielt tatsächlich einen Augenblick inne, dann aber bellte er noch lauter als zuvor und steckte auch einige der anderen Hunde an. Sogar ihr Bronco fühlte sich herausgefordert und bellte wild.
Carol hatte wohl so etwas erwartet. »Rowdy ist eine harte Nuss, der gibt nicht mal Ruhe, wenn ihn der Super anspannt, und der lässt sich wenig gefallen.« Sie wandte sich dem aufgebrachten Hund zu. »Und wenn du nicht gleich die Klappe

hältst, gibt's heute Abend nichts zu fressen, hast du mich verstanden? Was soll denn Julie von uns denken, wenn du so einen Lärm machst!«

Unterwegs zu den Blockhäusern der Park Headquarters, die oberhalb des Hundezwingers lagen, fügte sie beinahe entschuldigend hinzu:»Wenn wir unterwegs sind, gibt er sich etwas gesitteter. Skipper hat ihn ganz gut im Griff.«

Das Hauptquartier des Parks hatte sie bereits nach ihrer Vorstellung kennengelernt. Außer dem Hauptquartier mit den Büros und dem stattlichen Blockhaus, in dem Superintendent John W. Green mit seiner Frau wohnte, gab es eine Werkstatt und eine Tankstelle sowie eine Recreation Hall mit Fernseher, Computer, einem Pooltisch, einer kleinen Bücherei und einer Halle, in der Volleyball oder Basketball gespielt wurde. Im C-Camp teilten sich jeweils zwei Ranger ein Blockhaus mit zwei Schlafräumen und einer kleinen Küche, für die morgendliche Dusche gab es ein Shower House außerhalb des Camps, in dem auch die Waschmaschinen und Trockner untergebracht waren. Die monatliche Miete wurde vom Lohn abgezogen.»Kein Vergnügen, der Gang zum Shower House, wenn es so geschneit hat wie heute«, sagte Carol.

Carol führte Julie zu einem der Blockhäuser.»Du wohnst bei mir«, sagte sie und zeigte ihr das leere Schlafzimmer. Es war nüchtern eingerichtet, außer einem Bett gab es lediglich einen eingebauten Schrank und einen kleinen Schreibtisch, aber zumindest gab es ein Fenster, durch das man den lichten Fichtenwald und die Lichter einiger anderer Häuser sehen konnte. Ebenso zweckmäßig präsentierte sich die kleine

Küche.»Im Winter haben wir kein fließendes Wasser, sonst würden uns die Leitungen zufrieren und platzen. Kochen tun wir mit Propangas. Wenn du mal beim Campen warst, kennst du dich aus.«

Viel wichtiger als die Kücheneinrichtung war Julie jedoch ihre neue Uniform, die über einem der Küchenstühle hing, dunkelgrün wie bei allen Rangern und mit dem flachen Hut, auf den die meisten Ranger besonders stolz waren. Dazu gab es einen winterfesten Anorak in der gleichen Farbe und eine Wollmütze.»Wow!«, staunte Julie, während sie mit der flachen Hand über die Uniform strich,»davon habe ich ein Leben lang geträumt. Wenn ich es jetzt noch schaffe, eine feste Anstellung zu bekommen ... das wäre das Größte.« Sie trug die Uniform in ihr Schlafzimmer.

»Das schaffst du bestimmt«, ermutigte Carol sie.»Ich werde schon dafür sorgen, dass aus dir eine anständige Rangerin wird. Am besten richtest du dich erst mal häuslich ein. Ich erledige inzwischen einigen Papierkram. In einer Stunde hole ich dich ab, dann gehen wir zusammen auf Patrouille, okay?«

»Heute schon?« Sie strahlte.»Das ist ja riesig. Ich beeile mich.«

Julie holte ihren Pick-up und parkte ihn direkt vor dem Blockhaus. Sie brauchte keine halbe Stunde, um ihr Gepäck in die Hütte zu tragen. Sie hatte sich die Ausrüstung besorgt, die den neuen Praktikanten in einer Info-Broschüre empfohlen wurde. Einige persönliche Dinge verstaute sie sofort in ihrem Nachttisch, darunter auch ein Foto ihrer Eltern, als sie noch verheiratet gewesen waren. Sie sehnte sich oft nach dieser Zeit, vor allem, weil sie kaum noch Kontakt zu ihrer Mutter hatte, die beinahe viertausend Meilen von ihr entfernt in San Diego wohnte und sich nur alle paar Wochen meldete, meist per E-Mail. »Viel Glück«, hatte ihre Mutter gemailt, als sie ihr von der Anstellung als Rangerin berichtet hatte, »ich hoffe, du bringst es bis zum Superintendent.« Ihrer Mutter war ihre Karriere immer wichtig gewesen, und auch sie sah ihren Beruf im Augenblick an erster Stelle. Das nächste halbe Jahr würde entscheidend für ihre berufliche Entwicklung sein, und sie hatte geschworen, sich ganz auf ihren Job zu konzentrieren. Für Beziehungskisten, wie sie Abenteuer dieser Art spöttisch nannte, blieb da wenig Zeit. Von oberflächlichen Lovern und One-Night-Stands, die nur einen bitteren Geschmack hinterließen, hielt sie sowieso nichts. Wenn irgendwann ein Mann in ihr Leben trat, sollte er auch ernste Absichten haben. Vorausgesetzt, sie liebte ihn.

Julie seufzte und machte sich wieder ans Auspacken. Ebenfalls auf ihren Nachttisch kam ein Plüschfrosch, den sie Mr. Green nannte. »Think Green« hatte er auf seinem Bauch stehen. Ihre Lebensmittel brachte sie im Vorratsschrank, dem Kühlschrank und dem Gefrierschrank unter. Sie würden für mindestens zwei Wochen reichen. In der näheren Umgebung des Parks gab es lediglich einige überteuerte kleine Läden.

Nachdem sie mit dem Einräumen fertig war, tauschte sie ihren Anorak und ihre Mütze gegen die neuen Kleidungsstücke des Nationalparks aus und sah sich das Shower House und den Recreation Room an, bevor sie zu ihrem Blockhaus zurückkehrte. Sie betrachtete sich noch einmal im Spiegel, lächelte zufrieden und wartete vor der Tür auf Carol. Das Schneetreiben hatte nachgelassen, und es war nicht mehr so kalt wie am frühen Morgen, vielleicht lag das aber auch an ihrem neuen Anorak oder daran, dass die Blockhütten des C-Camps alle windgeschützt zwischen hohen Fichten lagen. Der Wind rauschte leise in den Baumkronen und trieb dünne Schneeschleier von den Dächern.

»Der Anorak steht dir gut«, sagte Carol, als sie zurückkam. Sie war in Begleitung eines stämmigen Mannes, der das goldene Abzeichen eines Polizisten an seinem Anorak trug und die natürliche Autorität ausstrahlte, die man bei vielen Polizisten fand. Er musste um die fünfzig sein. Sein Gesicht war wettergegerbt, die Augen stahlblau, der dichte Schnurrbart grau, und das Einzige, was ihn von einem Sheriff, wie ihn Julie aus Westernfilmen kannte, unterschied, waren die etwas zu dicken Backen und der leichte Bauchansatz, der allerdings unter seinem Anorak fast vollkommen verschwand.

»Das ist Greg Erhart, unser Polizeichef. Er möchte, dass wir ihm bei der Suche nach zwei Jugendlichen helfen. Zwei Halbwüchsige, die anscheinend ein Snowmobil-Rennen veranstalten und den Park mit einer Rennpiste verwechseln. Sie treiben sich am Igloo Creek rum, da kommt man nicht mal mit dem Geländewagen hin.«

Julie stellte sich vor und unterdrückte mühsam einen Schrei, als der Polizeichef sie mit einem festen Händedruck begrüßte. »Und wir sollen sie festnehmen?«, fragte sie verwundert. »Ich dachte, das dürfen nur Polizisten.«

»Normalerweise schon«, stimmte ihr Greg zu, »aber wir haben es mit zwei jungen Kerlen zu tun, die weder gemeingefährlich noch bewaffnet sind.« Sein Schnurrbart war eisverkrustet und zitterte nicht mal. »Ich habe nicht zum ersten Mal mit den beiden zu tun. Der Super würde mir ordentlich einheizen, wenn ich ihretwegen einen Hubschrauber klarmachen würde. Schon mal von einem Aufgebot gehört? Das waren erfahrene Bürger, die ein Sheriff im alten Westen als Helfer verpflichtete, wenn er auf Verbrecherjagd ging.« Er rieb sich über den Schnurrbart. »So streng, wie es in der Broschüre steht, die man Ihnen gegeben hat, sind unsere Abteilungen nicht getrennt. Man hat mir gesagt, Sie können gut mit einem Hundeschlitten umgehen?«

»Ich denke schon«, erwiderte Julie mutig. »Zum Iditarod hat es bisher noch nicht gereicht, aber ich komme zurecht.« Sie holte tief Luft. »Ich bin bereit.«

»Worauf warten wir dann noch?«, fragte Carol.

4

»Heya! Lauft, ihr Lieben!« Julie hielt ihr Gesicht in den eisigen Fahrtwind und genoss die rasante Fahrt über die feste Schneedecke der Park Road. »Hier könnt ihr euch mal richtig austoben! Bleib an Carol dran, Chuck! Lass dich nicht abhängen! So gut wie Skipper bist du schon lange! Vorwärts, Chuck!«

Julie fuhr im Windschatten von Carol, die Knie leicht angewinkelt, um Schneeverwehungen oder Bodenwellen besser abfedern zu können. Auf dem festen Schnee und in der Gewissheit, keinen Gegenverkehr zu haben, machte das Fahren besonders großen Spaß. Ihre Hunde freuten sich, nach der unbequemen Fahrt auf dem Pick-up wieder laufen zu können, und hetzten in weiten Sprüngen über den Schnee, legten es manchmal sogar darauf an, das andere Gespann zu überholen und ließen sich nur widerwillig wieder zurückfallen.

Von Carol konnte sich Julie einiges abschauen. Die Rangerin fuhr noch ruhiger und gleichmäßiger als sie und stand so locker auf den Kufen, als steuerte sie den Schlitten über festes Eis. Scheinbar ohne Anstrengung meisterte sie jedes Hindernis, und ihre Befehle waren so kurz und knapp, dass sich Julie jedes Mal wunderte, wie schnell ihre Huskys reagierten. Besonders Skipper, ihr Leithund, war ein intelligenter Bursche, der auch Chuck noch einiges an Kraft und Schnelligkeit vorauszuhaben schien. Rowdy benahm sich öfter mal daneben, bellte wütend nach vorn oder drehte sich vorwurfsvoll zu den anderen Huskys um, gehorchte aber schnell, wenn Carol mahnend seinen Namen rief. So routiniert und gelassen verhielt sich nur eine erfahrene Musherin, die mehrmals an großen Hundeschlittenrennen teilgenommen hatte.

Wie fast jede junge Musherin hatte auch Julie schon darüber nachgedacht, am Iditarod teilzunehmen, den Gedanken aber gleich wieder verworfen. Nicht, weil ihre Huskys den Anforderungen dieses harten Rennens nicht gewachsen wären. Chuck war ein erfahrener Leithund, der sich selten aus der Ruhe bringen ließ. Bronco lief neben ihm und war so kräftig, dass er den Schlitten auch allein gezogen hätte. Curly benahm sich manchmal wie ein ungezogener Junge, schaffte es aber auch, die anderen Huskys aufzumuntern, wenn es mal nicht so lief. Apache war trotz seiner Jugend schon sehr erfahren und würde Chuck einmal als Leithund ablösen. Blacky und Nanuk, die beide direkt vor dem Schlitten liefen, brachten Kraft, Ruhe und Ausdauer mit. Ein erfahrenes Gespann, auf das man sich verlassen konnte und das auch den hohen Anforderungen der Park Ranger in einem Nationalpark gewachsen war.

An einem Aussichtspunkt am östlichen Ufer des Jenny Creek hielt Carol ihr Gespann an. Julie lenkte ihren Schlitten neben sie. Inzwischen war die Sonne aufgegangen, und der helle Streifen am östlichen Horizont überzog das verschneite Land mit rötlichem Licht, das selbst die eisigen Hänge im Norden einladend aussehen ließ. Feiner Nebel hing über den zugefrorenen Flüssen und stieg bis in die Ausläufer des mächtigen Mount McKinley empor, der wie ein gewaltiges Monument aus dem Land ragte und alle anderen Berge der Alaska Range um ein Vielfaches überragte. Majestätisch thronte er über den verschneiten Tälern. Sein Gipfel, nur für Sekunden sichtbar, verschwand sofort wieder hinter den dichten Wolken, die sich im Norden zusammengeballt hatten, doch selbst jetzt ahnte man noch seine majestätische Größe. Ein Berg, wie es ihn nicht einmal im Himalaya gab, rauer und abweisender, für viele Betrachter aber auch faszinierender als der Mount Everest.

»Ist das nicht ein toller Anblick?«, fragte Carol. »Wenn man den Gipfel nicht sehen kann, finde ich den Berg noch beeindruckender und geheimnisvoller. Deshalb habe ich mich um eine Stelle im Denali National Park beworben. Ich halte jedes Mal hier, obwohl ich schon seit ein paar Jahren hier arbeite.«

»Und wo warst du vorher?«

»Yosemite«, antwortete die Rangerin, »unten in Kalifornien. Auch so ein Park, der sich vor Bewerbungen nicht retten kann, aber ich habe mich dort nie so richtig wohlgefühlt. Kalifornien ist nichts für mich. Ich bin in Alaska aufgewachsen und würde dieses Land für kein Geld der Welt eintauschen. Als die Stelle im Denali frei wurde, habe ich mich sofort beworben.« Sie lächelte zufrieden. »Meine Vorfahren stammen aus Deutschland, da gibt es überhaupt keine Berge, jedenfalls keine so hohen wie hier. Sie kamen während des Goldrausches am Klondike. Reich wurden sie nicht, aber das Land muss sie so fasziniert haben, dass sie hierblieben und einen Laden in Willow eröffneten. Ich bin in der Wildnis aufgewachsen, hier draußen fühle ich mich wohl.«

»Mir geht es ähnlich«, stimmte Julie ihr zu. »Ich könnte nie in einer Stadt wie New York oder Los Angeles leben. Wir kommen aus Montana. Mein Vater war Chirurg an einem Krankenhaus in Billings, da lernte er auch meine Mutter kennen, die ebenfalls dort arbeitete. Doch als das neue Krankenhaus in Fairbanks gebaut und meinem Vater der Posten als Chefarzt angeboten wurde, zogen wir nach Alaska. Ich war damals zwölf. Das Beste, was mir passieren konnte, denn Huskys hatten es mir schon in Montana angetan, und ich nahm sogar an einem Rennen teil. Ich wurde Zweite. Auf einem Hundeschlitten fühle ich mich am wohlsten, deshalb habe ich mich auch für das Winterhalbjahr gemeldet. Es ist einfach wunderbar hier ... wie in einem Märchen.«

Sie fuhren auf die Park Road zurück und ließen ihren Huskys, die schon ungeduldig geworden waren, wieder freien Lauf. Im fahlen Licht des beginnenden Tages steuerten sie ihre Schlitten über die verschneite Straße, vorbei an weit ausladenden Fichten, deren Zweige unter dem Gewicht des Schnees weit nach unten hingen. Außer dem Scharren der Schlittenkufen war kaum ein Laut zu hören, nur manchmal drang das Krächzen eines Raben aus dem Wald. Ein Schneehase huschte durch den hellen Bodennebel ins Unterholz.

Am Savage River lenkte Carol ihr Gespann zu einer Blockhütte, die zwischen den Bäumen kaum zu sehen war. Sie sicherte ihren Schlitten, begrüßte einen älteren und lahmenden Husky, der neben der Hütte im Schnee lag und dankbar winselte, als Carol ihm das Fell kraulte, und verschwand in der Hütte. Mit einem Eimer Hundefutter kehrte sie zurück. »Candy hat sich vor einem Jahr den rechten Vorderlauf gebrochen und kommt seitdem nicht mehr auf die Beine.« Sie füllte den Trog des Huskys, stellte den leeren Eimer ab und stieg auf ihren Schlitten. »Shorty sorgt dafür, dass es ihm gut geht.«

»Shorty?«

»Paul Short«, erklärte Carol, »einer unserer Ranger. Alle nennen ihn Shorty, obwohl er der zweitgrößte Ranger im Park ist.« Sie zog lachend den Anker aus dem Schnee. »Er hält die Stellung am Savage River und fährt jede Woche einmal zum Wonder Lake und nimmt dort am ›Projekt Vielfraß‹ teil. Einige Ranger beschäftigen sich mit dem Jagdverhalten dieser Tiere. Du lernst ihn sicher bald kennen. Ein wortkarger Bursche, der am liebsten allein ist, deshalb hat er sich auch freiwillig für den Savage River gemeldet.« Sie lachte wieder. »Woher sollte er auch wissen, dass er so bald Gesellschaft bekommt.«

Julie zog fragend die Augenbrauen hoch, bekam aber schon bald eine Antwort auf ihre unausgesprochene Frage. Auf dem Campingplatz am Flussufer erhob sich ein orangefarbenes Zelt. Ein Mann und eine Frau hielten sich vor dem Zelt auf und waren gerade dabei, sich Schneeschuhe anzuschnallen.

»Mike und Ruth Linaker, nehme ich an«, sagte Carol, als sie vor dem Zelt hielten. »Ranger Carol Schneider und Julie Wilson. Alles okay bei Ihnen?«

»Alles okay«, bestätigte der Mann, ein drahtiger Naturbursche mit gebräuntem Gesicht und gewinnendem Lächeln. Beide waren um die dreißig, wirkten sehr sportlich und durchtrainiert und schienen daran gewöhnt zu sein, mitten im Winter bei arktischen Temperaturen in einem Zelt zu übernachten. »Wir üben gerade ein wenig für die Schneeschuhwanderung. Normalerweise sind wir auf Skiern unterwegs.«

»Dann kann ja nichts schiefgehen.« Carol deutete auf die Schneeschuhe. »Das neueste Modell, nicht wahr? Sie kennen sich aus, das muss man Ihnen lassen. Stimmt es, dass Sie beide mal Profisportler waren? Abfahrtslauf?«

Mike Linaker schnallte sich seinen zweiten Schneeschuh an. »Abfahrtslauf, Riesentorlauf, Slalom … alles, was bergab geht. Aber für die Medaillenränge hat es nie gereicht. Ruth war mal kalifornische Jugendmeisterin im Abfahrtslauf und hätte vielleicht die Qualifikation für die Olympischen Spiele geschafft, doch dann verletzte sie sich und eine andere nahm ihren Platz ein. Jetzt fahren wir nur noch zum Spaß und probieren auch andere Sachen aus. Auf Schneeschuhen waren wir bisher kaum unterwegs, aber wir werden noch fleißig üben bis Samstag, damit wir uns nicht blamieren. Übrigens … die Schneeschuhe stammen aus unserem Sportgeschäft in Sacramento. Von irgendwas muss man ja leben, nicht wahr?« Er lächelte schwach. »Wann geht es denn los?«

»Am Samstag um sieben Uhr vor dem Murie Center«, antwortete Carol. »Wir kommen zwar später hier vorbei, aber es wäre besser, Sie würden sich auch dort einfinden, sonst müssten wir unsere kleine Ansprache zu Beginn der Wanderung zwei Mal halten. Julie und ich werden die Wanderung führen.« Sie blickte auf das Zelt. »Und vergessen Sie nicht Ihr schönes Zelt. Sie werden es brauchen. Wir werden drei Nächte in der Wildnis verbringen.«

»Wir haben alles dabei, Ranger. Wer kommt denn noch mit?«

»Eine Frau aus Oregon, zwei junge Männer aus Anchorage, professionelle Snowboarder, wenn ich mich nicht irre, ein gewisser Scott Jacobsen aus Chicago, und heute Morgen rief ein junger Bursche aus Fairbanks an, der will ebenfalls mit.« Sie wechselte einen raschen Blick mit Julie, ohne zu verraten, was er zu bedeuten hatte. »Ich hoffe, Sie haben ausreichend Proviant dabei.«

»Alles, was man in der Wildnis braucht, Ranger.«

»Am Samstag vor dem Murie Center. Pünktlich um sieben.«

»Wir werden da sein, Ranger.«

Wieder auf der Park Road, wartete Carol, bis Julie mit ihrem Schlitten aufgeschlossen hatte. »Der junge Mann aus Fairbanks hat übrigens nach dir gefragt«, sagte sie mit einem verschmitzten Lächeln. »Wie hieß er noch gleich?«

»Josh Alexander?«

»Josh Alexander … richtig! Er wollte nur auf die Schneeschuhwanderung mitkommen, wenn du auch dabei bist.« Sie lächelte wieder. »Ein Verehrer?«

»Ach, was!«, beeilte sich Julie zu sagen. »Ich habe ihm aus der Patsche geholfen, das ist alles. Er war von seinem Hundeschlitten gefallen, und ich kam zufällig vorbei, konnte den Schlitten aufhalten und Josh von einem steilen Hang hochziehen. Jetzt denkt er wahrscheinlich, ich will was von ihm. Dabei ist er gar nicht mein Typ. Ich mag keine

Angeber, und er ist ganz sicher einer. Kaum hatte ich ihn aus der Klemme befreit, hielt er sich schon wieder für den Größten.« Sie schnaubte unwillig. »Müssen wir ihn unbedingt mitnehmen?«

»Dies ist ein freies Land«, erwiderte Carol amüsiert, »und ich kann ihm die Teilnahme nicht verbieten. Benimm dich professionell, dann kann dir gar nichts passieren. Schlimm wäre es nur, wenn du deine persönlichen Probleme mit in den Nationalpark bringen würdest. Das sieht der Super gar nicht gern.«

Julie wirkte finster entschlossen. »Keine Angst! Das tue ich nicht!«

Doch als sie weiterfuhren, blieb das Bild des jungen Mannes in ihrem Gedächtnis haften, und sie verspürte plötzlich ein seltsames Kribbeln in ihrer Magengegend, ein Gefühl, das sie schon beinahe verdrängt hatte, weil ihre Karriere ihr momentan am wichtigsten war. Julie konnte gerade alles brauchen, nur keinen aufdringlichen Freund, der ihr ständig auf der Pelle saß, sie bis in den Nationalpark verfolgte und ihre Aufstiegschancen zunichtemachte.

Trotz allem konnte sie jedoch nicht leugnen, dass sich sein Lächeln und sein eindringlicher Blick immer wieder in ihre Gedanken stahlen. Und dann tat es gut zu wissen, dass sie ihn bald wiedersehen würde und er nur ihretwegen nach Denali kam.

Mach dich nicht lächerlich, rief sie sich im gleichen Augenblick zur Ordnung, du kennst den Kerl doch gar nicht. Kaum hattest du ihn gerettet, fing er an, auf den Putz zu hauen, von wegen, er würde das Iditarod gewinnen, und schon wenige Stunden, nachdem er sich mit dir verabreden wollte, ist er mit einem anderen Mädchen um die Häuser gezogen. Auf so einen kannst du verzichten!

Julie hielt ihr Gesicht in den Fahrtwind. Die eisige Kälte vertrieb die unbequemen Gedanken und half ihr, sich auf das Wesentliche zu konzentrieren. Der Job im Nationalpark erforderte ihre ganze Kraft und Aufmerksamkeit, und sie durfte sich auf keinen Fall dabei stören lassen, weder von einer Beziehung noch von sonst irgendwas.

Hinter dem Savage River war die Park Road für Besucher gesperrt, es sei denn, sie befanden sich in Begleitung eines Rangers. Aber die Straße war auch hier geräumt, und sie kamen zügig vorwärts. Das Tageslicht, das nur durch wenige Wolken gedämpft wurde, erleichterte ihnen das Fahren. In der Ferne war der Mount McKinley inzwischen fast vollkommen hinter Wolken und Nebelschwaden verschwunden, ein Zeichen dafür, wie schnell sich das Wetter in diesen Breiten ändern konnte, und wie widerwillig der Berg sich zeigte. Selbst lang gediente Ranger konnten die Tage, an denen der Mount McKinley seine ganze Pracht zur Schau stellte, an den Fingern einer Hand abzählen. Wie die Landschaft in einem geheimnisvollen Märchen breiteten sich die Ausläufer der Alaska Range vor ihren Augen aus, nur unterbrochen von dunklen Fichten, die sich wie Scherenschnitte gegen den Schnee abhoben.

Hinter dem Sanctuary River bogen sie nach Süden ab. Über eine schmale Straße, die den Rangern vorbehalten war, fuhren sie am Ufer des zugefrorenen Flusses entlang. Die Straße war nur notdürftig geräumt, und ihnen blieb nichts anderes übrig, als alle paar Schritte von den Kufen zu springen und den Hunden durch hohe Schneeverwehungen zu helfen. Hier blieb Julie keine Zeit mehr, über Josh nachzudenken, der Trail erforderte ihre ganze Aufmerksamkeit, und sie musste sich gewaltig anstrengen, um in den Augen der erfahrenen Carol nicht als Anfängerin zu gelten. Mit lauten Zurufen dirigierte sie ihre Hunde über die verschneite Straße und an den Hindernissen vorbei, stets darum bemüht, mit dem Schlitten nicht aus der Spur zu kommen und im Tiefschnee zu landen. »Weiter so, Chuck! Ihr schafft das … so ist es gut! Weiter!«

Nach ungefähr einer Stunde hielt Carol im Schatten einiger Bäume. Sie warf Julie einen anerkennenden Blick zu und sagte: »Du kannst mit einem Gespann umgehen. Besser als die meisten anderen …« Sie stutzte und blickte misstrauisch nach Südwesten. Ihre Augen verengten sich. »Hörst du das?«

Julie lauschte angestrengt. Aus der Ferne wehte der Wind das Motorengeräusch zweier Snowmobile heran. Noch war es kaum zu hören, doch als der Wind auffrischte, wurde es lauter, und sie glaubte sogar, die dunklen Schatten der beiden Jugendlichen im schwindenden Tageslicht zu erkennen. »Die beiden Jungs«, sagte sie leise, als hätte sie Angst, dass sie jemand hören könnte, »dort unten auf der Lichtung!« Sie seufzte. »Die holen wir doch nie ein!«

Carol zog einen Feldstecher aus ihrer Anoraktasche und blickte genauer hin. »Ganz im Gegenteil«, widersprach sie, »einer der beiden ist gestürzt! Wenn wir uns beeilen, brauchen wir die beiden Strolche nur einzusammeln.«

Die Rangerin trieb ihre Hunde über die Böschung und

schob den Schlitten durch den Tiefschnee am Waldrand, fuhr im Schutz der Bäume am Wald entlang und über einen vom Wind kahl gefegten Hang ins Tal hinab. Julie blieb ihr dicht auf den Fersen, musste ihre ganze Kraft aufwenden, um durch den Tiefschnee zu kommen, und war froh, als sie endlich den Hang erreichte.

Von dort waren die beiden Jungen deutlich zu erkennen. Einer der beiden war mit seinem Snowmobil gestürzt und lag hilflos im Schnee, das rechte Bein unter der schweren Maschine. Der andere Junge hatte angehalten, gab aber sofort Gas, als er sie kommen sah, und wollte zur Straße entkommen. Doch schon nach wenigen Metern stürzte auch er und landete kopfüber im Schnee. Sein Snowmobil fuhr allein weiter und blieb in einer Schneewehe stecken. Der Motor verstummte, und gespenstische Stille legte sich auf die Senke.

»Mein Fuß!«, jammerte der Junge, der versucht hatte, zur Straße zu entkommen. »Ich hab mir den Fuß verletzt! Helfen Sie mir! Ich glaube, er ist gebrochen!« Er versuchte sich zu bewegen und sank sofort wieder zurück. »Verdammt, tut das weh! Sie müssen mir helfen, Ranger! Er ist gebrochen!«

Carol hielt den Schlitten an und untersuchte den Fuß des Jungen. »Du hast Glück gehabt, er ist nur verstaucht. Hättet ihr die Vorschriften beachtet, wäre das nicht passiert. Ihr wisst doch, dass ihr im Nationalpark nicht fahren dürft, oder könnt ihr nicht lesen? Wundern würde es mich nicht.« Sie zog den Jungen zum Schlitten und ließ seine Arme los. »Mach's dir auf der Ladefläche bequem. Die Snowmobile holen wir später. Wenn eure Eltern kommen.«

»Unsere Eltern?«, riefen beide Jungen gleichzeitig.

»Eure Eltern«, bestätigte Carol ungerührt. »Und ich bin sicher, sie werden nicht gerade erfreut sein, wenn sie hören, was ihre Söhne angestellt haben. Ihr seid euch doch darüber im Klaren, dass euer Vergehen eine heftige Geldstrafe nach sich ziehen wird. Ihr fahrt schließlich nicht zum ersten Mal hier herum.«

»Eine Geldstrafe? Aber wir haben kein Geld!«

»Dann werden es eure Eltern wohl auslegen müssen. Ihr könnt sicher in den Ferien irgendwo arbeiten und genug verdienen, um es zurückzuzahlen.«

»Verdammter Mist!«

»Fluchen hilft euch jetzt auch nicht weiter. Auf den Schlitten!«

Julie war erstaunt, wie rigoros ihre ältere Kollegin gegen die Jugendlichen vorging und wie wenig sie Gnade vor Recht ergehen ließ. Aber vielleicht wollte sie ihnen auch nur ein wenig Angst einjagen, um sie für ihre Dummheit büßen zu lassen. Verdient hatten es die Jungen. Mit ihren lauten Snowmobilen erschreckten sie die wilden Tiere und brachten sich unnötig selbst in Gefahr. Der Sturz hätte ihnen eigentlich zeigen müssen, wie gefährlich es war, allein durch den Park zu fahren, wenn man sich dort nicht auskannte.

Sie hatte inzwischen den anderen Jungen unter seinem Snowmobil hervorgezogen und zu ihrem Schlitten geführt. Er war glücklicherweise unverletzt. Mit schuldbewusster Miene setzte er sich auf die Ladefläche. »Muss das sein, dass Sie unsere Eltern holen?«, jammerte er. »Lassen Sie uns laufen ... bitte!«

Julie wusste nicht, was sie antworten sollte, und Carol reagierte gar nicht. Stattdessen zog sie ihr Funkgerät aus der Tasche und rief die Zentrale: »Zentrale, hier Schneider. Wir haben die beiden Jugendlichen gefunden …«

Die beiden Jungen sagten gar nichts mehr.

5

Während der folgenden Tage arbeitete Julie vor allem mit den Huskys. Nach der Fütterung eines »Hundesüppchens« am frühen Morgen, für das wenig Trockenfutter mit viel Wasser vermischt wurde, unternahmen Carol und sie mehrere Patrouillenfahrten in die Wildnis. Erst nach den Ausflügen bekamen die Huskys ihre tägliche Futterration, die ebenfalls mit Wasser vermischt wurde, damit die Hunde die nötige Flüssigkeit aufnahmen. Bei den hohen Anforderungen, die an die Huskys gestellt wurden, mussten die Ranger sehr genau auf die richtige Ernährung und Pflege achten. Ihre Touren führten sie quer durch den Nationalpark, über die geräumte Park Road und durch den Tiefschnee abseits der Straße, um den Hunden die nötige Bewegung zu verschaffen und Julie darauf vorzubereiten, was bei einem Einsatz von ihr verlangt werden könnte. »Letzten Winter haben wir drei Tage nach einem verschwundenen Wanderer gesucht«, berichtete Carol. »Das Wetter war so schlecht, dass der Hubschrauber nicht starten konnte, und ich musste mich mehrere Stunden durch den Tiefschnee kämpfen, bis ich ihn endlich gefunden hatte. Er hatte sich das Bein gebrochen und konnte von Glück sagen, dass er überlebt hat.«

Am zweiten Tag wechselten sie die Gespanne, und Julie machte sich mit Skipper und den anderen Hunden des Parks vertraut. Schon beim Verteilen des Hundesüppchens redete

Julie lange mit Skipper, gewöhnte den eher zurückhaltenden Leithund an ihre Stimme und ihren Geruch und kraulte ihn freundschaftlich zwischen den Ohren, wie sie es mit Chuck immer tat. »Wir haben jetzt öfter miteinander zu tun«, sagte sie. »Ich weiß, du hast dich an Carol gewöhnt. Ihr beide versteht euch und seid ein eingespieltes Team … und außerdem ist sie eine erstklassige Musherin. Aber wir beide kommen sicher auch miteinander aus. Enttäusch mich nicht, Skipper, hörst du?« Sie kraulte ihn noch mal, griff ihm unters Kinn und blickte ihm in die Augen. »Und pass mir auf Rowdy auf. Den dürfen wir nicht an der langen Leine laufen lassen.«

Schon nach wenigen Meilen erkannte Julie, dass sie auch mit dem anderen Gespann zurechtkommen würde. Skipper reagierte ähnlich schnell wie Chuck, schien die meisten ihrer Befehle sogar im Voraus zu erahnen und ließ sich auch durch Rowdy nicht aus der Ruhe bringen. Sobald der junge Husky aus dem Gespann ausscheren wollte oder sich ablenken ließ, brachte er ihn mit einem heftigen Knurren oder allein durch seine Körpersprache zur Vernunft. »Skipper ist in Ordnung!«, rief sie Carol zu. »Kein Wunder, dass du beim Iditarod so gut abgeschnitten hast. Oder war er damals gar nicht dabei?«

Carol fuhr direkt hinter ihr. »Beim Iditarod war Timber mein Leithund. Stark wie ein Wolf, wendig wie ein Luchs. So stand es damals in der Zeitung. Wenn einer meiner anderen Hunde nicht krank geworden wäre, hätte ich das Rennen vielleicht sogar gewonnen. Aber Platz 5 war auch nicht übel.«

Auch den schmalen Weg, den sie mit den Wanderern

gehen würden, ein ehemaliger Jagdtrail der Indianer, fuhren Julie und Carol mit den Schlitten ab. Ein paar Meilen östlich vom Wonder Lake würden sie die Park Road verlassen und bis in die Senke unterhalb des Muldrow Glaciers durch den Schnee stapfen, um im Schatten der riesigen Bergmassive ihr Lager aufzuschlagen. Ein eindrucksvolles Erlebnis, auf das sich Julie riesig freute, auch wenn sie der Gedanke, dass Josh an der Wanderung teilnehmen würde, etwas aus der Ruhe brachte. Jeden Abend vor dem Einschlafen dachte sie an ihn, manchmal wurde sie dabei so wütend, dass sie ihr Kissen nahm und gegen den Wandschrank warf, um schon im nächsten Augenblick von seinen dunklen Augen zu träumen und im Schlaf zu lächeln.

In der Nacht vor der Wanderung schlief Julie sehr unruhig. Die Gewissheit, sich zum ersten Mal auf einer geführten Tour beweisen zu müssen, ließ sie immer wieder aus dem Schlaf schrecken und nervös in die Dunkelheit blicken. Ihr Rucksack stand gepackt vor dem Einbauschrank, aber hatte sie auch wirklich an alles gedacht? Obwohl sie eine Liste von Carol bekommen hatte, war sie unsicher und checkte ihr Gepäck mehrmals, denn wenn sie erst einmal unterwegs waren, gab es keine Möglichkeit mehr, etwas zu besorgen. Einen Teil ihrer Ausrüstung hatte sie erst vor einer Woche besorgt, das kleine Zelt und den Schlafsack, beides ein Geschenk ihres Vaters, die wasserdichten Stiefel, den Wasserfilter. Ihre Digitalkamera, so klein, dass sie in die Brusttasche ihres Anoraks passte, hatte sie sich vom großzügigen Abschiedsgeschenk der Queen gekauft.

Sie trank einen Schluck von dem lauwarmen Tee, den sie

neben ihrem Bett stehen hatte, und blickte aus dem Fenster. Über den Fichten flackerte grünes Nordlicht, ein Anblick, der sie immer wieder faszinierte, obwohl sie schon so lange in Alaska lebte. Zwischen den Wolken waren der zunehmende Mond und einige Sterne zu sehen. Irgendwo in weiter Ferne heulte ein Wolf, wahrscheinlich am Rock Creek, wo Carol vor einigen Wochen ein Rudel gesichtet hatte. Als unheimliches Echo verhallte es in den Ausläufern der fernen Berge.

Was einer jungen Frau aus New York oder San Francisco vielleicht Angst bereitet hätte, beruhigte sie und stärkte ihren Mut für das Abenteuer der kommenden Tage. Josh gegenüber würde sie sich ganz normal verhalten. Ein junger Mann, dem sie aus der Patsche geholfen hatte, mehr war er doch nicht. Zumindest machte sie sich das vor. Carol würde darauf achten, wie professionell sie sich auf dieser ersten Tour verhielt und ihr Urteil sicher in einem Bericht vermerken. Nur wenn sie ihre Arbeit vorbildlich erledigte, hatte sie eine Chance, nach dem Praktikum von den Rangern im Denali National Park übernommen zu werden. Ein beliebter Posten, um den sich so viele Leute bewarben, dass man schon gut sein musste, wenn man den ersehnten Vertrag bekommen wollte.

Am nächsten Morgen stand sie früh genug auf, um sich gründlich zu waschen und noch einmal ihr Gepäck zu überprüfen, dann trug sie ihren Backpack zu dem Kleinbus, den sie bereits am Vorabend vor ihrem Blockhaus geparkt hatte. Wie Carol hatte auch sie ihre Wollmütze gegen eine gefütterte Kappe mit Ohrenschützern eingetauscht, die besser gegen die Kälte schützte, und in einer Tasche befand sich eine Stirnlampe, deren Licht ihnen den Weg weisen würde, wenn der Himmel sich verdunkelte und sie in komplette Finsternis gerieten. Zusätzlich befanden sich eine Taschenlampe und die Notausrüstung mit einigen Medikamenten, Streichhölzern, Schokolade, einem Messer, Seil und anderen praktischen Dingen in ihrem Anorak. »Wie ein Marine«, scherzte sie, als sie zu Carol in den Kleinbus kletterte, »nur dass wir nicht in den Krieg ziehen.«

»Das fehlte noch«, erwiderte Carol.

Obwohl noch eine halbe Stunde Zeit war, warteten schon drei Teilnehmer vor dem Murie Center, einem großen Blockhaus, das im Winter als Besucherzentrum diente: Mike und Ruth Linaker, die mit ihrem Geländewagen vom Savage Creek gekommen waren, und Josh Alexander, der seine Schneeschuhe angeschnallt hatte und durch den Tiefschnee neben dem Haus stapfte.

»Guten Morgen«, begrüßte Carol die Wartenden. »Willkommen im Denali National Park. Ich bin Carol Schneider und werde Sie auf unserer Wanderung führen. Julie Wilson wird mich dabei unterstützen.« Julie hob lächelnd eine Hand. »Aber mit meinem Vortrag warte ich besser, bis die anderen hier sind.«

Julie wollte Josh aus dem Weg gehen und mit den Linakers reden, doch Carol kam ihr zuvor und gesellte sich zu dem Paar. So blieb ihr nichts anderes übrig, als auf Joshs freches Grinsen einzugehen. »Was gibt's denn da zu lachen?«, fragte sie.

»Ich musste dich einfach wiedersehen«, erwiderte er und blickte sie aus seinen dunklen Augen an. Sie waren tatsächlich braun. »Ich hab dir doch gesagt, dass ich dich im Nationalpark besuchen würde.« Aus seinem Grinsen wurde ein eher schüchternes Lächeln. »Du bist mir doch nicht böse, Julie?«

»Warum sollte ich? Aber denk bitte daran, dass wir hier nicht zu einem Date verabredet sind, und ich weder Zeit noch Lust habe, mit dir zu flirten. Ich behandele dich wie jeden anderen Besucher auch.« Sie klang kühler als beabsichtigt. »Wenn ich es nicht täte, würde ich meinen Job riskieren. Ich bin auf dieser Wanderung nicht zum Vergnügen unterwegs. Ich bin Rangerin und trage Verantwortung.« Sie bemerkte seine Enttäuschung. »Ist nicht persönlich gemeint, Josh. Aber ich hab keine Lust, hier Mist zu bauen.«

»Ich will dich doch nur kennenlernen«, sagte er. »Und keiner kann mir verbieten, dass ich dich ansehe oder ein paar freundliche Worte zu dir sage. Vielleicht kann ich dich ja nach der Wanderung zu einem Date überreden.«

»So wie die junge Frau an der Tankstelle?«

Josh wusste nicht, was sie meinte, und musste erst mal in seinem Gedächtnis kramen, dann fiel es ihm ein. Er lachte. »Aber das war doch kein Date!«

»Es sah aber ganz danach aus, Josh.« Ein Auto fuhr auf den Parkplatz, und zwei Männer stiegen aus. »Entschuldigung, da sind noch andere Wanderer ...«

»Julie ... es war nicht so, wie du denkst ...«

»Den Satz kenne ich, Josh.«

Julie ließ ihn stehen und ging auf die Neuankömmlinge zu, die gerade dabei waren, ihre Backpacks von der Rückbank zu nehmen. Zwei Brüder, wie sie inzwischen wusste, beide blond und sehr sportlich und mit jener Arroganz ausgestattet, die manche Männer gegenüber Frauen in Uniform empfinden.

»Gary und Chris Clarke, nehme ich an«, begrüßte sie die Männer freundlich. »Ich bin Ranger Julie Wilson. Willkommen im Denali National Park.«

»Na, wenn das keine Begrüßung ist«, erwiderte der etwas ältere der beiden. Er trug einen roten Skianzug und eine Wollmütze mit dem Logo eines bekannten Wintersportzentrums. »Und ich dachte, wir bekommen es mit einem grauhaarigen Ranger mit Schnauzbart zu tun.« Er schüttelte Julie die Hand und grinste dabei. »Ich bin Gary. Seit wann zieht man denn unschuldigen Mädchen wie Ihnen eine Uniform an und schickt sie in die Wildnis? In den Rangergeschichten, die ich kenne, hüten die Ladys das Blockhaus.«

»Das müssen ziemlich alte Geschichten sein«, konterte Julie. »Ich wette, die Bücher haben Sie bei Ihren Großeltern auf dem Speicher gefunden.« Als sie den verdutzten Gesichtsausdruck der beiden sah, unterdrückte sie nur mühsam ein Lachen. »Auch meine Chefin ist übrigens eine Frau. Ranger Carol Schneider. Sie war mal Fünfte beim Iditarod. Bei ihr wäre ich mit solchen Scherzen also eher vorsichtig.«

Gary lachte. »Gut, dass Sie uns warnen. Wir würden es niemals wagen, uns mit einer solchen Heldin anzulegen. Fünfte beim Iditarod? Gar nicht übel … für eine Frau, meine ich.« Er ging grinsend an Julie vorbei, gefolgt von seinem Bruder, der bisher noch gar nichts gesagt hatte. »Unterwegs werden wir ja sehen, was sie draufhat … oder ob ich ihren Backpack tragen muss.«

Julie wartete, bis die Brüder ihr den Rücken zuwandten, und schüttelte den Kopf. Hab ich's denn heute nur mit Blindgängern zu tun, dachte sie. Dabei hatte sie Gary und Chris Clarke durchaus positiv eingeschätzt. Von dem Ranger, der ihre Anmeldung entgegengenommen hatte, wusste sie, dass sie erfahrene Snowboarder waren und beinahe an den Olympischen Spielen teilgenommen hätten, zwei fröhliche »All-American Boys«, wie der Ranger sie genannt hatte. Schon am Telefon hätten sie gute Laune versprüht und seien sicher eine Bereicherung für die Wandergruppe. So konnte man sich täuschen.

Aus der Ferne beobachtete sie, wie Carol die beiden begrüßte und dabei einen sehr souveränen Eindruck machte. Wer so viel Erfahrung mit Wandergruppen hatte wie sie, erkannte seine Pappenheimer wohl auf Anhieb und verhielt sich entsprechend. Allein ihre Körpersprache drückte aus, wie wenig sie sich von solchen Machos beeindrucken ließ. »Alles nur heißer Wind«, würde sie später zu Julie sagen. »Frustrierte Jungs, die auf sich aufmerksam machen wollen. So was gab es früher auch bei den Rangern, ist aber lange her. Inzwischen haben die meisten Jungs erkannt, dass wir mehr können als Windeln wechseln.«

Hinter Julie fuhr eine weitere Teilnehmerin auf den Parkplatz und stieg aus ihrem Wagen, eine zierliche Person, die beinahe in die Knie ging, als sie ihren Backpack auf den Rücken schnallte. Auf Julie machte sie eher den Eindruck einer frustrierten Städterin, die in der Natur ihre Probleme vergessen wollte. Dazu passten auch ihre verweinten Augen und das blasse Gesicht. Ihr Lächeln wirkte gekünstelt. »Kati

Wilcott«, stellte sie sich vor. Ihre Stimme klang viel zu leise und etwas heiser. »Ich hoffe, ich komme nicht zu spät.«

»Pünktlich auf die Minute«, widersprach ihr Julie. »Ranger Julie Wilson. Meine Kollegin Carol Schneider und ich werden Sie auf der Wanderung begleiten.« Sie blickte die Frau prüfend an. »Alles in Ordnung mit Ihnen, Kati?«

»Alles okay. Ich kann es gar nicht erwarten.«

Julie blickte der Frau verwirrt nach, als sie zu den anderen ging, und fragte sich, was eine Frau wie sie dazu trieb, an einer Schneeschuhwanderung durch die Wildnis teilzunehmen. War sie stärker und zäher, als es den Anschein hatte? Eine Einzelgängerin, die sich etwas beweisen wollte? Die meisten Urlauber in Alaska waren zu zweit oder in Gruppen unterwegs. War sie allein aus Oregon gekommen, um in Alaska zu sich selbst zu finden? Eine Esoterikerin?

Sie musste über ihre eigenen Gedanken lachen und kehrte zu den anderen zurück, vermied es dabei aber, Josh anzublicken, der sie unverwandt anstarrte und ihr wohl irgendetwas sagen wollte. Zum Glück winkte Carol sie zu sich heran.

»Sieh mal nach, wo dieser Jacobsen bleibt«, flüsterte die Rangerin ihr zu. »Es ist schon nach sieben, und zu lange können wir nicht warten. Vielleicht wartet er beim anderen Besucherzentrum am Eingang des Parks. Nimm den Kleinbus. Ich halte inzwischen meine kleine Rede. Aber beeil dich, Julie!«

Julie versprach es und fuhr mit dem Kleinbus auf die Park Road nach Osten. Sie brauchte nicht lange nach Scott Jacobsen zu suchen. Er stand neben seinem Wagen am Straßenrand und starrte unverwandt nach Westen, in die

Dunkelheit und den morgendlichen Dunst, der in feuchten Schwaden über dem verschneiten Land lag. Sie hielt an und ging zu ihm.

»Mister Jacobsen? Ranger Wilson. Wir haben uns in der Lodge kennengelernt. Haben Sie eine Panne? Irgendwas mit dem Wagen nicht in Ordnung?«

Jacobsen schien sie nicht zu hören. »Dahinten muss er liegen, der Mount McKinley. Oder wie nennen sie ihn jetzt? Mount Denali, nicht wahr?« Sein nasaler Dialekt war nur schwer zu verstehen, außerdem sprach er sehr leise.

»Mister Jacobsen. Wir warten auf Sie.«

Er rührte sich nicht von der Stelle, starrte weiter nach Osten, obwohl es dort kaum etwas zu sehen gab. Das Nordlicht war erloschen, der Mond und die Sterne waren hinter einigen Wolken verschwunden. Nur die schneebedeckte Park Road und die schwarze Wand des Waldes waren zu erkennen.

»Mister Jacobsen!«

»Ein unheimlicher Berg, dieser Mount McKinley! Meinen Sie, wir bekommen ihn zu sehen? Ich habe gehört, dass der Gipfel meistens in den Wolken liegt. Wie schaffen es die Bergsteiger nur auf den Gipfel, wenn sie dort oben kaum etwas sehen können? Und warum steigen sie überhaupt hinauf?«

»Das weiß ich nicht, Mister Jacobsen. Weil sie beim Aufstieg eine besondere Erfahrung machen, hat mir ein Bergsteiger mal erzählt. Und weil der Denali ein so gefährlicher und anspruchsvoller Berg ist, dass man sich dort am besten beweisen kann.« Das stand in den Broschüren, die im Besucherzentrum an Bergsteiger ausgegeben wurden. »Weil der Berg da ist, hat mal jemand in einem Fernsehfilm behauptet. Die Menschen wollten schon immer hoch hinaus, und am Mount Denali gibt es immer noch Rekorde zu brechen.«

»Wer am schnellsten über die Wickersham Wall den Gipfel erreicht?«

Seltsam, dachte sie, die gefährliche Nordwand hatte er schon in der Happy Loon Lodge erwähnt. »Zum Beispiel. Einer der gefährlichsten Aufstiege, die man sich vorstellen kann, wurde mir erzählt. Früher sind dort etliche Männer verunglückt. Inzwischen lassen wir nur erfahrene Bergsteiger in die Wand, die schon andere schwierige Touren hinter sich haben.« Sie blickte selbst nach Osten. »Seltsam, dass sich ausgerechnet jemand aus Chicago für unseren Berg interessiert. Und ich dachte, Sie halten es eher mit Wolkenkratzern.«

Zum ersten Mal, seitdem sie ausgestiegen war, wandte er den Kopf und blickte sie an. Seine Lider flackerten. »Wie, sagten Sie, war noch Ihr Name?«

»Ranger Wilson, Mister Jacobsen. Kommen Sie, die anderen warten bereits. Wir dürfen keine Zeit mehr verlieren. Mit dem Wagen ist alles okay?«

»Natürlich. Wie kommen Sie darauf?«

»Dann folgen Sie mir bitte.«

Julie stieg in den Kleinbus und wendete vor dem Wagen von Jacobsen. Im Rückspiegel beobachtete sie, wie er ebenfalls einstieg und den Motor aufheulen ließ. Ein seltsamer Typ, dieser Scott Jacobsen. Er schien besessen vom Mount McKinley zu sein, als hätte er eine ganz besondere

Bedeutung in seinem Leben. Ein Mann aus Chicago, wo es meilenweit keine Berge gab.

Sie fuhr los und atmete erleichtert auf, als sie bemerkte, dass er ihr in geringem Abstand folgte. »Das kann ja heiter werden«, sagte sie vor sich hin.

6

Knappe zwei Stunden waren sie im Kleinbus unterwegs. Julie saß hinter dem Steuer, neben sich Carol, die mit dem linken Arm auf der Lehne über den Nationalpark erzählte und anscheinend große Erfahrung darin besaß, eine Gruppe mit so unterschiedlichen Teilnehmern bei Laune zu halten. »Dieses Gebiet wurde vor allem wegen der vielen Tiere unter Naturschutz gestellt«, sagte sie, »es gibt Grizzlybären, Elche, Wölfe und kleine Mäuse, die sich im Winter unter dem Schnee verkriechen und dort in ihren Höhlen wohnen. Ich hoffe, keiner von Ihnen hat Angst vor Mäusen, denn manchmal graben sie sich auch nach oben und sehen nach, ob es die Welt noch gibt. Sie sind sehr neugierig.«

Julie lauschte den Worten der Rangerin nur mit halbem Ohr. Ihre Aufmerksamkeit galt der Straße, die von Schneeverwehungen überzogen war. Selbst der Allradantrieb des Kleinbusses richtete dort nur wenig aus. Wie schon mit dem Hundeschlitten musste sie teilweise Slalom fahren und konnte froh sein, dass sie in den zwei Stunden nur einem einzigen Fahrzeug begegnete. Ranger Erhart, der Polizeichef der Rangertruppe, hielt direkt neben ihr, und sie ließen beide die Fenster herunter. »Morgen, Ranger.«

»Morgen allerseits. Alles klar bei euch?«

»Ich glaube schon. Haben Sie die beiden Jungen verhaftet?«

Er lächelte. »Wir sind keine Unmenschen. Aber sie bekommen eine Anzeige und wahrscheinlich eine heftige Geldstrafe. Ihre Eltern waren nicht gerade erfreut, als sie kamen. Ich glaube nicht, dass die Jungs wiederkommen.«

»Wie sieht das Wetter am Denali aus?«, fragte Carol.

»Heute Mittag soll es aufklaren. Vielleicht habt ihr Glück.«

Sie verabschiedeten sich und fuhren weiter. »Sieht so aus, als bekämen wir heute den Gipfel zu sehen«, gab sie die gute Nachricht weiter. »Das können nur die wenigsten Wanderer im Winter von sich sagen.«

»Wie dicht kommen wir an den Berg ran?«, wollte Jacobsen wissen.

»Ungefähr zwanzig Meilen«, antwortete Carol, »aber bei klarer Sicht reicht das. Sie werden staunen, wie mächtig und gewaltig der Mount Denali ist.«

Josh sagte während der ganzen Fahrt kein Wort. Er saß auf der Rückbank und gab vor zu schlafen, hatte aber die Augen geöffnet, als Julie in den Innenspiegel blickte, und lächelte, als sich ihre Blicke begegneten. Er sieht wirklich gut aus, dachte sie, und wenn er sich nicht gerade damit brüstet, das nächste Iditarod zu gewinnen, könnte man ihn glatt sympathisch finden, sich vielleicht sogar auf ein Date mit ihm einlassen. Ich hätte ihn nicht so hart angehen sollen. Ich hatte ihm schließlich einen Korb gegeben, und es war sein gutes Recht, mit einer anderen auszugehen. Obwohl … wenn er seine Einladung zu einem Date wirklich ernst gemeint hätte, wäre er nicht in derselben Nacht mit dieser Frau ausgegangen. Ach was, ich mach mich noch verrückt!

Julie schüttelte den Kopf, um sich von ihren Grübeleien zu lösen, und konzentrierte sich wieder allein auf die Straße. Wenige Meilen vor dem Wonder Lake parkte sie den Kleinbus am Straßenrand, und sie stiegen aus. Noch war es dunkel, nur der Mond und die Sterne waren noch zu sehen, doch die mächtigen Massive des Mount McKinley, der am Horizont aus dem verschneiten Land ragte, waren auch in dem blassen Licht, das sich auf seinen Gletschern und Schneehängen spiegelte, deutlich zu erkennen. Selbst die Clarke-Brüder, die unterwegs ständig mit ihren Snowboard-Abenteuern angegeben hatten, waren bei seinem Anblick sprachlos und starrten schweigend auf den gewaltigen Berg. »Wow!« war das einzige Wort, das während der ersten Minuten fiel, und jedes weitere Wort hätte die andächtige Stimmung dieses Augenblicks nur unnötig gestört.

Nachdem sich alle an dem Berg sattgesehen hatten, räumten sie die Backpacks aus dem Kleinbus, und Carol verteilte Schneeschuhe an diejenigen Wanderer, die keine eigenen mitgebracht hatten. Kati Wilcott, die Frau mit den verweinten Augen, tat sich etwas schwer mit dem Anschnallen und nickte dankbar, als Julie ihr half. Auch Scott Jacobsen stellte sich nicht gerade geschickt an. Die Linakers und die Clarke-Brüder hatten ihre eigenen Schuhe dabei.

»Wir wandern im Gänsemarsch«, sagte Carol, »und bleiben möglichst beisammen. Ich weiß, dass wir erfahrene Wintersportler unter uns haben, die vielleicht auch allein in der Wildnis zurechtkämen ...« Sie blickte die Linakers und auch die Clarke-Brüder an. »Aber der Denali National Park ist ein besonders tückisches Naturschutzgebiet mit Gefahren, auf die Sie vielleicht nicht vorbereitet sind. Das Wetter wechselt hier oft von einer Minute auf die andere, und die alten Jagdtrails der Indianer sind im Winter gar nicht und im Sommer nur für geübte Augen sichtbar. Ich arbeite schon seit einigen Jahren hier und sehe viel, was Sie nicht sehen können, auch wenn Sie routinierte Wanderer oder Sportler sind. Also bitte keine Alleingänge!« Sie sah einige besorgte Mienen und lächelte. »Keine Angst, wir sind hier nicht beim Militär, und ich werde keine Befehle brüllen. Wir wollen schließlich alle unseren Spaß haben. Außerdem würde ich vorschlagen, dass wir uns mit dem Vornamen anreden. Ich bin Carol, und meine Kollegin heißt Julie. Noch Fragen?«

Gary Clarke grinste frech. »Was ist mit Ihrer jungen Kollegin? Kennt die sich auch in der Wildnis aus? Mir scheint sie noch grün hinter den Ohren …«

Julie wollte schon antworten, doch Carol kam ihr zuvor: »Wenn Sie gesehen hätten, wie sie mit einem Hundegespann umgeht, würden Sie anders reden. Julie ist definitiv nicht grün hinter den Ohren, sonst hätten wir sie nicht eingestellt.«

»Ich hab gesehen, wie sie einen Hundeschlitten steuert«, mischte sich Josh ein. »So wie sie in Form ist, könnte sie beim Iditarod mitmachen. Und auf Schneeschuhen laufen kann sie auch.« Er blickte ein wenig abfällig auf die brandneuen Schneeschuhe der Brüder hinab, wahrscheinlich die teuersten, die es in den großen Sportgeschäften gab. »Die Dinger sind keine Snowboards.«

»So schlau sind wir auch«, erwiderte Gary, »aber glaub

bloß nicht, dass wir damit nicht umgehen könnten.« Er war sichtlich eingeschnappt. »Pass lieber auf, dass du nicht im Schnee landest. Oder bist du der Wildnis-Guru?«

Josh gefiel der Ausdruck. »Und was für einer! Ich bin jeden Tag in der Wildnis unterwegs. Und falls es dir noch niemand gesagt hat: Ich werde das nächste Iditarod gewinnen. Du sprichst mit einem angehenden Champion!«

»Ach nee …«

Wie die streitsüchtigen Jungen in der Junior High, dachte Julie, jeder will der Größte und Beste sein. Und in Gruppen waren solche Jungs noch schlimmer. Wie ihre Huskys versuchte jeder der Leithund zu sein und die anderen auf die Plätze zu verweisen. Julie war dankbar, dass Josh und Carol für sie Partei ergriffen und sie sich nicht selbst mit Gary anlegen musste. Aber was war in Josh gefahren, dass er dabei gleich so von ihr schwärmte, noch dazu vor allen anderen? Und was dachte er sich dabei, hier schon wieder seine selbstverliebten Reden zu schwingen? Glaubte er vielleicht, sie würde das cool finden?

Carol machte dem Geplänkel ein Ende, indem sie über die Böschung kletterte und als Erste in den Tiefschnee stieg. Mike und Ruth Linaker folgten ihr, dahinter Scott Jacobsen, die Clarke-Brüder, Josh und Kati Wilcott. Julie bildete den Schluss der kleinen Gruppe. Sie beobachtete schon nach wenigen Schritten, wie sicher und gleichmäßig sich die Linakers bewegten, und dass auch die Clarke-Brüder eine gute Figur machten, sehr zum Leidwesen von Josh, der sich sichtlich schwertat und von Glück sagen konnte, dass er hinter den Brüdern lief. Jacobsen strengte sich an, wirkte beinahe verbissen, und Kati Wilcott stolperte mehr, als dass sie lief, und stürzte schon nach ein paar Schritten.

Julie half ihr auf und hielt sie eine Weile fest. Kati machte den Eindruck, als würde sie jeden Moment losheulen. »Was ist los mit Ihnen, Kati?«, fragte Julie besorgt. »Haben Sie Kummer?« Und als Kati energisch den Kopf schüttelte, ihr Blick aber etwas ganz anderes verriet: »Sie haben noch nie auf Schneeschuhen gestanden, stimmt's? Wollen Sie wirklich mitkommen?«

»Ich will weg!«, flüsterte Kati. »Ich will nur weg!«

Julie ließ sie los und wechselte einen raschen Blick mit Carol, die stehen geblieben war und besorgt auf Kati blickte. »Alles okay bei euch?«, rief sie.

»Kati muss sich erst an die Schneeschuhe gewöhnen«, antwortete Julie.

»Wir fangen langsam an«, rief Carol.

Nach einer Weile kam Kati besser zurecht. Sie war zwar immer noch etwas wacklig auf den Beinen, ging aber breitbeiniger und stieß nicht mehr mit den Schneeschuhen gegeneinander. Ihre Stimmung besserte sich nicht. Sie ging mit gesenktem Kopf, hatte kaum Augen für ihre Umgebung und zuckte lediglich die Achseln, als Julie sie fragte, ob sie ein Problem hätte und sie ihr irgendwie helfen könnte. Wie ein Fremdkörper wirkte sie in der Gruppe, ähnlich wie Jacobsen, der ebenfalls schweigend marschierte, aber mehrmals stehen blieb und in Ehrfurcht vor dem Mount McKinley zu erstarren schien. Erst wenn einer der Clarke-Brüder ihm auf den Rücken klopfte, ging er weiter, ohne sich um das Gelächter der jungen Männer zu kümmern.

Ein seltsamer Haufen, überlegte Julie. Sie hatte sich die Wanderung einfacher vorgestellt, hätte nicht gedacht, wie anstrengend es sein würde, sich um Aufschneider wie die Clarke-Brüder, eine empfindliche Frau wie Kati Wilcott und einen geheimnisvollen Mann aus Chicago zu kümmern. Auch auf Josh hätte sie gern verzichtet. Mit seinem wankelmütigen Verhalten hatte er sie vollkommen aus dem Konzept gebracht, und in ihr wuchs das beängstigende Gefühl, es könnte während der langen Wanderung noch schlimmer werden. Lediglich die Linakers verhielten sich normal, erfahrene Wanderer und Sportler, die vor allem gekommen waren, um die grandiose Natur zu genießen.

Wie großartig die Wildnis südlich des Wonder Lake war, zeigte sich nach ungefähr einer Stunde, als die Sonne aufging und die Berge und Täler in pinkfarbenes Licht tauchte. Als hätte es die Natur darauf abgesehen, sie zu Beginn ihrer Wanderung mit einem gewaltigen Schauspiel zu verwöhnen, begann der Schnee zu glühen, die Schwarzfichten leuchteten dunkelgrün, und die Felswände der fernen Berge schienen sich im rötlichen Dunst aufzulösen. Ein Adler flog krächzend über sie hinweg und suchte nach Beute, schien unbeeindruckt von dem Naturschauspiel, das die Wildnis des Nationalparks der Wirklichkeit entrückte und sie in ein flimmerndes Fantasieland verwandelte.

Die Wandergruppe verharrte auf einem verschneiten Hügel und genoss die Veränderung sprachlos, viel zu beeindruckt, um etwas zu sagen oder auch nur ein »Wow!« auszustoßen. Nur ein leiser Seufzer war zu hören, als der Wind die letzten Wolken vom Gipfel des Mount McKinley vertrieb, und sich der pinkfarbene Schleier des beginnenden Tages über die felsigen Wände legte.

Erst hier, aus ungefähr zwanzig Meilen Entfernung, wurde deutlich, was für ein gewaltiger Berg der Mount McKinley war. Nicht umsonst hatten ihn die Indianer »Denali« getauft, den »Hohen«. Majestätisch und würdevoll erhob er sich aus der Alaska Range, umgeben von zahlreichen anderen Gipfeln, die alle vor seiner Größe verblassten. Ein König und seine Diener, die ihm aber lediglich den weißen Umhang halten durften. Der Herrscher der Wildnis.

Besonders Jacobsen schien der Berg in seinen Bann gezogen zu haben. Ohne sich um die anderen zu kümmern, stapfte er davon, den Blick unaufhaltsam auf den fernen Berggipfel gerichtet, und bevor ihn einer der anderen zurückhalten konnte, verlor er das Gleichgewicht und stürzte einen Hang hinab.

Julie lief ihm nach und zog ihn aus dem Schnee. »Haben Sie sich wehgetan, Scott?«, fragte sie besorgt. Er blickte an sich herunter und klopfte sich scheinbar geistesabwesend den Schnee von seinem Anorak. »Alles okay? Wo wollten Sie denn hin? Wir müssen in die andere Richtung.«

Jacobsen reagierte nicht.

»Scott? Sind Sie okay?«

Er schien aus einem Traum zu erwachen und blickte sie überrascht an. »Nein ... das heißt, ja ... alles in Ordnung. Ich wollte mir nur den Berg ansehen.« Er ließ sich von ihr den Hügel hinaufhelfen und lächelte verlegen. »Ich muss wohl noch ein wenig üben. Seltsame Dinger, diese Schneeschuhe ...«

»Keine Alleingänge, Scott!«, empfing ihn Carol mit ernster Miene. Ihre Stimme hallte in der klaren Luft. »Stellen Sie sich einfach vor, wir würden durch die City von Chicago laufen. Da müssten wir auch zusammenbleiben.«

»Sorry«, entschuldigte er sich. »Ich wollte nur mal … sorry.«

Gegen Mittag überquerten sie den vereisten McKinley River und kämpften sich über einige vereiste Hügel weiter nach Süden. Weil es dort kaum Bäume gab, und ihnen der frostige Wind von den Bergen direkt ins Gesicht blies, kamen sie nur langsam voran. Besonders Kati hatte es schwer, das Gleichgewicht zu halten, und stürzte mehrmals, hatte jedes Mal Tränen in den Augen, wenn Julie ihr aufhalf, schüttelte aber heftig den Kopf, wenn Julie ihr anbot, sie zum Kleinbus zurückzubringen. »Noch können Sie umkehren, Kati! Niemand wird Ihnen böse sein, wenn Sie aufgeben. Viel schlimmer wäre es, wenn Sie unterwegs zusammenbrechen und wir sie tragen oder einen Hubschrauber rufen müssen. Seien Sie ehrlich, Kati! Warum quälen Sie sich so? Man sieht Ihnen doch an, wie Sie leiden. Sie sind keine Wanderin, stimmt's?«

Kati sackte in den Schnee und begann erneut zu weinen. Wie eine Bettlerin hockte sie im tiefen Schnee, das Gesicht und die Augen von der Kälte und den Tränen gerötet, und hielt sich an Julies Beinen fest. Die anderen waren bereits weitergegangen und merkten erst jetzt, dass die beiden zurückblieben.

»Ich will nicht mehr zurück!«, schluchzte Kati. »Lieber sterbe ich hier oben, als dass ich noch mal zu diesem Scheusal zurückkehre!« Sie weinte jetzt ungehemmt, schniefte mehrmals und nickte dankbar, als Julie ein Taschentuch aus ihrer Anoraktasche kramte. Sie schnäuzte sich und heulte gleich wieder.

»Beruhigen Sie sich, Kati.« Julie nahm an, dass Kati vor ihrem Mann oder ihrem Freund davongelaufen war, und wusste nicht, was sie sonst sagen sollte. Sie blickte Hilfe suchend auf Carol, die bei den anderen Wanderern geblieben war. »Sie können nicht vor Ihren Problemen davonlaufen«, fuhr sie fort und kam sich dabei wie eine besserwisserische Mutter vor. »Schon gar nicht in dieser Wildnis! Sie bringen sich nur unnötig in Gefahr. Wir haben eine lange Wanderung vor uns, Kati, die halten Sie niemals durch, wenn Sie sich weiter so verrückt machen.« Sie zog Kati vom Boden hoch und nahm sie in die Arme. »Es wird alles wieder gut, Kati! So schlimm kann es doch gar nicht sein.«

»Ich kann aber nicht zurück.« Kati heulte wie ein kleines Mädchen. »Er ... er hat mich geschlagen, und als ... als ich gesagt habe, dass ich ... ich mich von ihm trennen will, hat er ... ich kann nicht zu ihm zurück ... ich kann nicht!«

Julie fühlte sich an die Scheidung ihrer Eltern erinnert, obwohl ihr Vater ihre Mutter niemals geschlagen hatte. Dafür hatten sie Schimpfworte in den Mund genommen, die ihr heute noch die Röte ins Gesicht trieben. »Warum gehen Sie nicht zu Ihren Eltern? Oder zu einer Freundin? Haben Sie eine Freundin?«

»Becky ... in Fairbanks. Ich bin ... bin weggelaufen ...«

»Gehen Sie zurück, Kati. Sprechen Sie sich mit ihr aus. Ich war auch immer bei meiner Freundin, wenn ich Zoff mit meinen Freunden hatte. Es nützt doch nichts, vor Ihrem Mann wegzulaufen. Ihre Freundin hilft Ihnen bestimmt, das alles durchzustehen. Hier draußen quälen Sie sich doch nur unnötig. Sie haben doch gar keine Lust, auf Schneeschuhen durch die Wildnis zu stapfen. Sie wollen nur weg, oder?«

»Er ist nicht mein Mann. Er ist mein ... mein Freund.«

»Gehen Sie zu Ihrer Freundin. Soll ich Sie zurückbringen?«

Sie hörte auf zu weinen und schnäuzte sich noch einmal. »Ja ... ja, bitte!«

Carol hatte sich von der Gruppe gelöst und die letzten Worte mitgehört. Ihrer Miene war anzusehen, dass sie auf einen solchen Zwischenfall gefasst gewesen war. Sie wechselte einen verständnisvollen Blick mit Julie und zog ihr Funkgerät aus der Tasche. »Zentrale, bitte kommen! Ranger Schneider hier. Wir sind ungefähr zwei Meilen südlich des McKinley Rivers auf dem Indianerpfad und haben eine ...« Sie suchte nach dem passenden Wort. »... eine Kranke hier. Kati Wilcott. Körperlich gesund, aber starke Erschöpfungserscheinungen. Schicken Sie uns einen Ranger. Ranger Wilson kommt Ihnen mit der Kranken entgegen. Over.« Sie steckte das Funkgerät weg und wandte sich an die noch schniefende Frau. »Keine Angst, Kati. Es entstehen keine zusätzlichen Kosten für Sie. Der Ranger bringt Sie zu Ihrem Wagen, okay?«

»Okay.« Sie flüsterte fast. »Und vielen Dank. Ich wollte nicht ...«

»Schon gut, Kati. Alles Gute für Sie.« Sie legte eine Hand auf Katis linke Schulter und blickte Julie an. »Wir warten unterhalb des Felshanges auf dich.« Sie deutete auf eine keilförmige Felswand, die wie eine überdimensionale Scherbe oberhalb einiger Hügel aus dem Schnee ragte. Das Tageslicht war inzwischen noch heller geworden und ließ den Schnee glänzen, der sich in der zerklüfteten Wand gesammelt hatte. »Dort hätten wir sowieso gerastet. Wenn du dich beeilst, könntest du in zwei Stunden dort sein.« Sie klopfte auf die Tasche mit ihrem Funkgerät. »Melde dich, wenn irgendwas schiefläuft!«

»O. k.«, gehorchte Julie. »Ich beeile mich, Carol.«

Der Rückweg war weniger anstrengend, als Julie befürchtet hatte. Die Gewissheit, das ungeliebte Abenteuer bald hinter sich zu haben und auf dem Weg zu ihrer Freundin zu sein, schien neue Kräfte in Kati freizusetzen. Sie marschierte schneller und sicherer und stürzte nur einmal, als sie mit ihrem rechten Schneeschuh über einen hervorstehenden Felsbrocken stolperte. Noch waren die Spuren ihrer Wandergruppe im Schnee zu sehen, und der Schnee war teilweise so festgetreten, dass sie sich nicht mehr so anstrengen mussten wie am Vormittag. Im trüben Licht wanderten ihre Schatten über den Schnee.

Erhart erschien mit dem Hundeschlitten der Rangerstation am Wonder Lake. Er grüßte sie mit einem sparsamen Lächeln, das er sich wahrscheinlich von irgendeinem Westernhelden abgeguckt hatte. »Ich hab Ihnen ein paar Decken mitgebracht«, sagte er zu Kati. Er half ihr, die Schneeschuhe abzuschnallen, und trug sie zu seinem Schlitten. »Das erinnert mich an einen alten John-Wayne-Film«, erzählte er Julie, als Kati eingepackt auf der Ladefläche saß. »›North to

Alaska‹ … schon mal gesehen? Also, da packte der Duke diese schöne Lady und trug sie quer durch die Stadt zu seinem Schlitten … den Duke, so nannten sie John Wayne, den größten Westernheld von allen …«

»… der eine Lady bestimmt nicht warten ließ. *So long*, Ranger.«

»*So long*, Missy!«, ahmte Erhart die heisere Stimme des legendären Schauspielers nach. Er stieg auf seinen Schlitten. »Und grüßen Sie Carol von mir!«

»Mach ich. Alles Gute, Kati!«

7

Julie schaffte es in weniger als zwei Stunden zu dem Felsvorsprung. Vor allem auf den letzten Metern zahlte sich ihr regelmäßiges Training mit dem Hundeschlitten aus. Dort führten die Spuren der Wandergruppe über mehrere steile Hänge, und sie hatte es vor allem ihrer guten Kondition zu verdanken, dass sie kaum ins Schwitzen geriet. Die eisige Kälte und den Wind, der unablässig über die Hügel strich, wenn auch nicht besonders stark, war sie seit Langem gewöhnt. Schon in Montana waren die Winter meist extrem kalt gewesen.

Auf jeder Hügelkuppe blieb Julie kurz stehen und genoss ihre Umgebung. Mit ihren Hunden war sie schon oft im Hinterland gewesen, auch in den Nationalparks, aber Carol hatte eine besonders attraktive Route ausgesucht, und das Wetter meinte es so gut mit ihnen, dass die Wanderung zu einem unvergesslichen Erlebnis wurde. Wenn sie auf einem verschneiten Hügel stand, einsam und allein und von unermesslicher Natur umgeben, kam sie sich wie in einem Paradies vor, in dem die Welt noch in ihrem Urzustand verharrte und wie am Schöpfungstag aussah. So hatte sich Gott wohl die Erde vorgestellt und gehofft, der Mensch würde sie nicht mit seinem Dreck und seinen Abgasen verschmutzen und in Ehrfurcht vor dieser urwüchsigen Schönheit verharren. Sich in diesem Paradies bewegen zu dürfen, war ein

Geschenk, und sie würde alles daransetzen, um lange hierbleiben zu können.

Zu dem Felsvorsprung wanden sich die deutlich sichtbaren Spuren der Wandergruppe im Zickzack hinauf, so steil war es dort. Doch unter dem Felsen waren sie windgeschützt, und Carol hatte sogar ihren Gaskocher aus dem Backpack geholt und Tee gekocht. »Kati ist auf dem Heimweg«, berichtete sie Carol, nachdem sie zu den anderen gestoßen war. »Ich glaube, sie ist ganz froh, uns los zu sein.«

»Die Wanderung wäre zu einer Qual für sie geworden«, erwiderte die Rangerin, »und uns hätte sie nur unnötig aufgehalten. Sie kam mir schon heute Morgen etwas seltsam und labil vor. Kein Wunder, wenn man von seinem Freund geschlagen wird. Hoffentlich kehrt sie nicht zu diesem Macho zurück.«

»Da bin ich mir nicht so sicher.«

Carol nickte heftig. »Und dann passiert irgendwann was Schlimmeres. Wäre nicht das erste Mal ...« Sie blickte nachdenklich ins Leere. »Einer Freundin von mir wäre das beinahe passiert. Ich hab sie angefleht, ihren Mann zu verlassen, aber sie verzieh ihm jedes Mal. Als ob sich so ein Typ ändern würde! Ich hoffe nur, Kati geht es anders. Sie sah mir nicht danach aus, als würde sie so einem Schläger standhalten.«

Julie holte sich einen Becher Tee und dachte an die Scheidung ihrer Eltern, an die bösen Worte, die zwischen ihnen gefallen waren. Obwohl sie damals im College und kaum zu Hause gewesen war, hatte sie ihre Streitereien und, was noch viel schlimmer war, ihre Gleichgültigkeit gegenüber dem anderen mitbekommen. Ihrem Vater war es beinahe egal gewesen, dass seine Frau mit einem anderen Mann nach Kalifornien gezogen war. Er war ohnehin die meiste Zeit im Krankenhaus. Jetzt hatte er eine Haushälterin, die ihm seine teure Wohnung putzte, und hielt sich nicht einmal eine Geliebte, weil er gar keine Zeit für sie hätte. Ihm gingen seine Karriere und sein Erfolg über alles.

»Julie«, erklang eine leise Stimme hinter ihr. Sie drehte sich um und erkannte Josh, einen Teebecher in den Händen. »Julie! Ich muss dir was sagen.«

»Nicht jetzt, Josh«, wich sie ihm aus.

»Aber es ist wichtig!«

»Ich muss mich um meinen Job kümmern«, erwiderte sie ungehalten. Der Gedanke an die Scheidung ihrer Eltern hatte sie missmutig gestimmt. »Ich hab dir doch gesagt, dass ich hier nicht auf einem Privatausflug bin. Ich kann mich nicht ständig um dich kümmern.«

»Eine Minute!«

»Okay, eine Minute.« Sie trat etwas zur Seite, damit die anderen sie nicht hören konnten, und trank ungeduldig von ihrem Tee. »Aber nicht länger …«

Er wirkte wie ein kleiner Junge, der etwas ausgefressen hatte, und sie kam sich beinahe schon schuldig vor, weil sie so streng und kleinlich zu ihm war. Sie bemühte sich, ihm nicht in die Augen zu sehen. Mit seinem Samtblick hatte er bestimmt schon mehr Mädchen rumgekriegt, und sie wollte sich auf keinen Fall mit ihm einlassen, und wenn er noch so verführerisch aussah.

Er sprach so leise, dass nur sie ihn hören konnte. »Das Mädchen ... die junge Frau, die du an der Tankstelle gesehen hast ... sie ist meine Schwester.«

»Ja, klar. Fällt dir nichts Besseres ein?«

»Sie ist meine Schwester, Julie ... ehrlich!«

Sie hielt sich mit beiden Händen an ihrem Becher fest. »Du bist mir keine Rechenschaft schuldig, Josh. Wir hatten noch nicht mal ein Date. Du kannst mit so vielen Mädchen oder jungen Frauen ausgehen, wie du willst.«

»Ich will aber mit dir ausgehen. Seitdem ich dich getroffen habe, habe ich gar keine Lust mehr, mich mit anderen Mädchen zu treffen.« Er kramte seinen Geldbeutel aus der Anoraktasche und zog ein Foto heraus. »Hier ... das ist Susan ... so heißt meine Schwester ... das ist Susan mit ihrem Mann. Erkennst du sie wieder?«

Julie betrachtete das Foto und erkannte die junge Frau von der Tankstelle, nur dass sie diesmal ein Brautkleid trug und der Mann neben ihr einen dunklen Anzug mit einem Blumensträußchen am Revers. Es gab keinen Zweifel.

»Sie war auf einem Jahrgangstreffen ihres College. Ihr Mann ist auf Geschäftsreise in Kalifornien. Auf dem Rückweg hatte sie eine Autopanne, und da sie sich den teuren Abschleppdienst ersparen wollte, rief sie mich an.« Er versuchte ein Lächeln, das ihm nicht ganz gelang. »Susan ist ein Geizhals.«

Sie reichte ihm das Foto zurück, wusste nicht so recht, was sie sagen sollte. »Tut mir leid«, brachte sie schließlich mühsam hervor. »Da lag ich wohl ziemlich daneben.« Sie wagte nicht, ihm in die Augen zu blicken, diesmal aus Scham und Verlegenheit. »Und ich dachte, du wärst so ein ... ein Womanizer.«

»Na ja ...« Er grinste. »Früher ...«

»Es tut mir leid, Josh. Okay?«

»Schon gut. Aber ...«

»Wann geht's eigentlich weiter?«, übertönte Gary Clarke das allgemeine Gemurmel mit seiner zu lauten Stimme, in der fast immer ein spöttischer Unterton mitschwang. »Oder wollen wir hier festfrieren? Ich dachte, wir sind auf einer Wanderung.« Er blickte Carol an. »Oder sind Sie schon müde, Ranger?«

Carol ließ sich nicht provozieren. »Ich bin hellwach, Gary. Und keine Angst, Sie kommen heute noch auf Ihre Kosten. Auf den nächsten Meilen geht es ständig bergauf und bergab, dafür brauchen wir eine Menge Kraft, und die haben wir nur, wenn wir ausgeruht an die Sache herangehen. Mike und Ruth machen es richtig, die essen was Kleines, bevor wir weiterlaufen.«

»Einen Schokoriegel?« Gary lachte.

»Einen Kraftriegel«, verbesserte ihn Mike, »ohne Zucker und Schokolade. Wenn wir den gegessen haben, brauchen wir den ganzen Tag nichts anderes.« Er kramte einen Riegel aus seinem Backpack. »Auch einen? Aus unserem Sportgeschäft. Bei einem Einkauf über fünfzig Dollar gibt's so was umsonst.«

»Wir sind bestens ausgerüstet.«

»Ein Geschenk des Hauses.«

Gary schüttelte lachend den Kopf und packte ein Sandwich aus. Die eine Hälfte gab er seinem Bruder. »Wir essen lieber was Anständiges. Wenn wir auf den Denali klettern würden, wär's was anderes, aber diesen Seniorentrip schaffen wir auch mit vollem Magen.« Er biss herzhaft in sein Sandwich und grinste seinen Bruder an, zwei ungezogene Jungen, die alle herausfordern wollten.

»Ein voller Bauch, der läuft nicht gern«, sagte Mike.

»Und fällt öfter mal auf die Nase«, fügte seine Frau hinzu.

»Wir sind in Topform«, widersprach Gary kauend, »vor einigen Wochen, bei den Meisterschaften in der Sierra Nevada, hätte ich auch mit dem Bauch voll Schokolade gewonnen, so groß war mein Vorsprung. Und Chris …« Er blickte seinen Bruder an. »… ist immerhin Dritter geworden.« Er trank einen Schluck und grinste schon wieder. »Und Sie? Stehen die ganze Woche in Ihrem Sportgeschäft und tummeln sich am Sonntag mit Touristen auf der Skipiste?«

Mike blieb gelassen. »Ruth war kalifornische Meisterin im Abfahrtslauf und wäre bei den Olympischen Spielen dabei gewesen, wenn sie sich nicht den Fuß gebrochen hätte. Ich bin sicher, ihr würden Sie nicht mal auf dem Snowboard davonfahren. Und ich war Dritter – bei den US-Meisterschaften.«

Darauf wusste Gary gar nichts mehr zu sagen. Er wandte sich ab und biss so wütend in sein Sandwich, dass ihm beinahe die Hälfte zu Boden fiel. Julie und Carol unterdrückten nur mühsam ein Lachen, genauso wie Mike und Ruth Linaker. Sie gehörten nicht zu den Sportlern, die ständig mit ihren Erfolgen angaben, aber die Steilvorlage der Brüder war zu verlockend gewesen.

Nur Scott Jacobsen interessierte der amüsante Wortwechsel nicht. Er stand etwas abseits, trank langsam von seinem Tee und ging seiner Lieblingsbeschäftigung nach: Als würde er vom Mount McKinley auf magische Weise angezogen, starrte er auf den Berg, dessen Gipfel bereits wieder hinter einigen Wolken verschwunden war. Seltsamer Vogel, dachte Julie. Für einen Mann aus Chicago hatte er sich jedoch besser gehalten, als sie befürchtet hatte. Er stand sogar relativ sicher auf seinen Schneeschuhen und hielt sich streng an die Anweisungen der Rangerin. Anscheinend hatte er lange geübt.

Sie fing einen Blick von Carol auf und ging zu ihm. Offenbar befürchtete die Rangerin, er könnte Angst haben und die Wanderung ebenso gefährden wie Kati Wilcott. In den Bergen wäre es zu spät zum Umkehren, und einen Hubschrauber rief man nur, wenn Lebensgefahr bestand oder ein Teilnehmer spurlos verschwunden war. »Ich frage mich immer noch, was jemand aus Chicago dazu bewegt, auf Schneeschuhen in die Wildnis zu wandern«, unterbrach Julie seine Gedanken. »Nur wegen der Bücher Ihres Vaters?«

Jacobsen lächelte flüchtig, wurde aber gleich wieder ernst. »Mein Vater war ein begeisterter Bergsteiger, und wenn er mir abends eine Geschichte erzählte, dann handelte sie meist von Alaska. Ich wusste schon vom Mount McKinley, bevor ich vom Mount Everest oder Nanga Parbat hörte. Schon damals entschloss ich mich, mir den Berg aus der Nähe anzusehen, aber irgendwie kam es nie dazu. Das College, die Karriere ... ich arbeite in einer großen Werbeagentur. Erst als ich ...« Er hielt mitten im Satz inne, als hätte er Angst, ein Geheimnis zu verraten. »Erst jetzt hat es geklappt. Der Berg ... der Mount McKinley ...« Er wirkte plötzlich unsicher.«… dieser Berg … er wirkt so unnahbar … man könnte Angst vor ihm bekommen … ich möchte nicht wissen, wie viel Leid einige Menschen an diesen eisigen Wänden erfahren mussten.«

»Und dennoch ist er wunderschön, finden Sie nicht auch?« Sie blickte auf den Berg, der inzwischen fast vollkommen in den Wolken verschwunden war. »Auch wenn man ihn kaum zu sehen bekommt.« Sie blickte Jacobsen an. »Ihr Vater war Bergsteiger, sagen Sie? War er jemals am Mount McKinley?«

Jacobsen antwortete nicht. Er war mit seinen Gedanken schon wieder ganz woanders und schien nicht einmal zu merken, dass Julie neben ihm stand. In seinen Augen war wieder jene Entschlossenheit zu sehen, die sie schon in der Lodge bemerkt hatte. Was war nur mit ihm los? Wie konnte man von einem Berg so besessen sein, wenn man aus einer Großstadt kam und kein Bergsteiger war?

Sie ging zu Carol und half ihr, den Gaskocher zusammenzupacken. Die Linakers unterhielten sich leise, anscheinend über die Clarke-Brüder, wenn man nach den amüsierten Blicken ging, die sie ihnen zuwarfen. Gary und Chris standen bereits vor dem Felsvorsprung und wären wohl am liebsten sofort losmarschiert, so ungeduldig blickten sie in den Dunst über den Bäumen. Josh saß auf seinem Backpack und blickte nachdenklich in seinen Becher.

»Ein komischer Kauz«, flüsterte Julie der Rangerin zu. »Sein Vater hat ihm vom Mount McKinley erzählt, seitdem ist er besessen von dem Berg. Vielleicht bereut er, kein Bergsteiger wie sein Vater geworden zu sein.« Sie warf einen verstohlenen Blick auf Jacobsen, der immer noch auf den

Mount McKinley starrte. »Aber Angst hat er nicht, und auf Schneeschuhen kommt er ganz gut zurecht.« Sie lächelte. »Für einen Mann aus Chicago, meine ich.«

»Sein Vater war Bergsteiger?« Carol runzelte die Stirn.

»Er ist früh gestorben. Ein Unfall.«

»Jacobsen … irgendwie kommt mir der Name bekannt vor.«

Nachdem sie den Gaskocher im Backpack verstaut hatten, marschierten sie weiter. Vor ihnen lagen zerklüftete Bergtäler, die sich teilweise tief in die Ausläufer der Alaska Range gegraben hatten und einigen Nebenflüssen des McKinley Rivers folgten, die in dem Schnee und dem Eis kaum zu sehen waren. Steile Felswände und schräg abfallende Hänge verhinderten, dass das wenige Licht, das im Winter über den Horizont kroch, in den Abgrund drang.

Der schmale Jagdtrail, der unter der tiefen Schneedecke nur zu erahnen war, führte dicht an der Felswand entlang und über einige verschneite Hügel nach Süden. Carol war unzählige Male über den Trail gewandert, im Winter wie im Sommer, und wusste genau, wo er verlief. »Kein Grund zur Sorge«, rief sie den Teilnehmern zu, »solange Sie dicht hinter mir bleiben, kann gar nichts passieren. Der Trail ist breit genug, sonst hätten wir eine andere Route genommen. Sobald wir über die Hügel sind, geht es in eines der Täler hinab.«

Julie ging wieder am Schluss und hatte diesmal die Linakers vor sich. Carol hatte darauf geachtet, dass Jacobsen und die Clarke-Brüder in der Mitte liefen, wo sie besser geschützt waren. Josh lief hinter der Rangerin, ein gelungener Schachzug, um ihn daran zu hindern, auf diesem gefährlichen Teilstück mit Julie zu reden. Eine Unterhaltung hätte sie beide nur abgelenkt, das musste auch Julie zugeben. Warum tust du nicht einfach das, was du dir vorgenommen hast, erinnerte sie sich an ihren Schwur, Josh Alexander wie jeden anderen Wanderer zu behandeln und alle Gefühle außen vor zu lassen. Wenn das so einfach wäre, fiel es ihr im selben Atemzug ein, doch ihr Wunsch, auf Dauer bei den Rangern im Denali National Park zu arbeiten, war groß und erleichterte ihr die Entscheidung. Wenn ihm so viel an ihr lag, konnte er sie auch an ihrem freien Tag besuchen oder nach Feierabend mit ihr sprechen.

»Ranger!«, rief Gary, als sie die Hügel erreichten, und Carol sie über den verschneiten Hang zu führen begann. »Warum kürzen wir nicht quer über den Hang ab? Ist doch viel kürzer, und den Tiefschnee schaffen wir locker!«

Noch bevor Carol antwortete, scherte er aus der Gruppe aus, dicht gefolgt von seinem jüngeren Bruder, und stapfte über den steilen Hang davon. »Sehen Sie? So sparen wir uns mindestens eine halbe Meile! Ist ganz einfach!«

»Zurück! Sofort zurück!«, rief Carol entsetzt.

Die beiden jungen Männer lachten nur, wollten der Rangerin wohl zeigen, dass sie sich auch ohne Führerin in den Bergen zurechtfanden, doch schon im nächsten Augenblick verging ihnen das Lachen, und Entsetzen zeigte sich in ihren Augen. Mit einem leisen Knacken brach der Schnee unter ihnen weg, und sie verloren das Gleichgewicht. Die abrutschenden Schneemassen rissen die beiden den Hang hinab und begruben sie unter dem wirbelnden Weiß.

Julie war genauso entsetzt wie die anderen, fing sich aber relativ schnell, ließ ihren Backpack fallen und folgte Carol, die keine Sekunde gezögert hatte und sich bereits auf dem Hang befand. Mit seitlichen Schritten stieg die Rangerin zu den Schneemassen hinab, die sich vor drei verkrüppelten Schwarzfichten angehäuft hatten. »Bleiben Sie, wo Sie sind!«, rief sie den anderen zu. »Julie ... du auch! Ich schaffe das auch allein. Ruf die Zentrale, sie sollen sofort einen Hubschrauber schicken! Jetzt zählt jede Sekunde, Julie!«

Julie hatte das Funkgerät bereits in der Hand, als die Entwarnung kam. Gary und Chris gruben sich zwischen den Schwarzfichten aus den Schneemassen und zogen sich lachend an den Stämmen hoch. »Das war wohl nichts!«, rief Gary so fröhlich, als hätte er gerade einen besonders gelungenen Sprung mit seinem Snowboard hinter sich. »Das hätte bei den Meisterschaften nicht mal für den letzten Platz gereicht.« Er klopfte den Schnee von seinem Skianzug. »Warum schauen Sie denn so streng, Ranger? Ist doch nichts passiert.«

»Nichts passiert, sagen Sie?« Carol war außer sich vor Wut. »Sie hätten tot sein können! Wenn die Bäume nicht gewesen wären, lägen Sie jetzt vielleicht da unten in der Schlucht!« Sie deutete in den dunklen Abgrund hinab.

Gary ließ sich nicht einschüchtern. »So steil ist der Hang doch gar nicht. Da sind wir vom Snowboarden ganz andere Sachen gewöhnt, stimmt's?«

»Und das bisschen Schnee hat uns auch nichts ausgemacht«, unterstützte ihn sein Bruder. »So was passiert uns beim Training öfter. Kein Problem.«

»Kein Problem?« Die Rangerin beruhigte sich nur mühsam, malte sich wohl aus, wie die Schlagzeilen ausgesehen hätten, wenn die beiden Snowboarder tatsächlich in die Schlucht gestürzt wären. »Park Rangerin verschuldet den Tod zweier junger Snowboarder.« Selbst wenn sie keine Schuld getroffen hätte, wäre ihre Karriere beendet gewesen, und man hätte sie sofort entlassen. »Als erfahrene Wintersportler sollten Sie eigentlich besser wissen, dass man in den Bergen kein unnötiges Risiko eingeht. Sind Sie verletzt?«

»Alles noch dran, Ranger«, erwiderte Gary.

»Nichts passiert«, stimmte ihm Chris zu.

»Wenn Sie sich noch das Geringste zuschulden kommen lassen, schicke ich Sie nach Hause!«, warnte Carol. »Haben Sie mich verstanden? Oder ich breche die Wanderung ab, und Sie können sich auf saftige Schadenersatzforderungen gefasst machen. Bleiben Sie hinter mir, dann gibt es keinen Ärger.«

»Aye, Ranger.« Gary klang schon kleinlauter.

»Geht in Ordnung, Ranger«, versprach Chris.

»Und jetzt kommen Sie! Noch so eine Unterbrechung, und wir müssen unsere Zelte auf einem Hügel aufbauen, kein Vergnügen, das kann ich Ihnen versichern.« Sie wandte sich an die anderen. »Alles okay, es geht weiter!«

8

Der Unfall schien die Clarke-Brüder zur Vernunft gebracht zu haben. Sie stapften wesentlich zurückhaltender als bisher durch den Schnee, redeten nur, wenn sie wirklich etwas zu sagen hatten, und verkniffen sich eine spöttische Bemerkung, als Scott Jacobsen stolperte und zu Boden fiel. Mike Linaker zog ihn vom Boden hoch und munterte ihn mit einem freundschaftlichen Klaps auf. »Das passiert sogar erfahrenen Profis«, sagte er. »Was meinen Sie, wie oft meine Frau und ich schon im Schnee lagen? Schneeschuhe sind tückisch.«

Julie stellte sich geschickt an. Sie war öfter auf Schneeschuhen unterwegs, hatte sogar schon meilenlange Trails damit geebnet und wusste genau, wie man sich anstellen musste, um nicht das Gleichgewicht zu verlieren. Selbst erfahrene Wintersportler wie die beiden Snowboarder unterschätzten oft, wie anstrengend das Wandern auf Schneeschuhen war und wie schnell man dabei ins Schwitzen kam. Julie hatte es mal auf historischen Schneeschuhen versucht und war schon nach einer halben Meile außer Puste gewesen, die modernen Schneeschuhe waren aus wesentlich leichterem Material und kleiner.

Der Horizont verdunkelte sich bereits, als die Wanderer das Ende der Hügelkette erreichten und auf den jetzt wieder sichtbaren Pfad stiegen, der in zahlreichen Serpentinen ins Tal hinabführte. Der böige Wind, der von den Bergen herabwehte, hatte den lockeren Neuschnee vom Trail geweht, machte das Vorwärtskommen aber nicht leichter, weil jetzt an manchen Stellen das blanke Eis hervorschaute und die Gefahr eines Sturzes noch größer war.

»Einer hinter dem anderen«, erinnerte Carol die Wanderer, »und passen Sie auf, dass Sie nicht auf die Schneeschuhe Ihres Vordermannes treten. Lassen Sie sich Zeit, wir kommen früh genug im Tal an. Da unten gibt's eine gemütliche Hütte, die wir Ranger auf Patrouillenfahrten als Außencamp benutzen. Dort werden wir übernachten ... auf Matratzen neben einem warmen Ofen!«

Auch auf dem gewundenen Pfad ging Carol voraus. Als dienstälteste Rangerin hatte sie die Verantwortung für die Wandergruppe, und jede andere Entscheidung hätte sie in Schwierigkeiten bringen können. Julie bewunderte, wie sicher sie sich auf ihren Schneeschuhen bewegte, als wäre sie auf einem asphaltierten Weg und hätte Turnschuhe an, und wie sie ihr Tempo dem unsichersten Mitglied der Gruppe anpasste. Doch selbst Scott Jacobsen war während der letzten Stunden sicherer geworden und hielt sie kaum noch auf.

Inzwischen war es dunkel, und die einzige Helligkeit kam vom Mond und den Sternen, die sich zwischen den aufziehenden Wolken zeigten. Das Nordlicht meldete sich nur schüchtern, flackerte in grünen und weißen Mustern über den Himmel und spiegelte sich auf dem Schnee. Um besser sehen zu können, hatten Julie und Carol ihre Stirnlampen aufgesetzt und eingeschaltet, eine reine Sicherheitsmaßnahme bei dem reflektierenden Schnee, der selbst weit unten in der dunklen Schlucht den Weg wies. Julie stellte ihre Lampe so ein, dass der Lichtkegel zwischen die Beine der anderen fiel und jedem half.

Während des Abstiegs verschlechterte sich das Wetter zusehends. Oben fielen nur vereinzelte Schneeflocken vom Himmel herab, auf halber Höhe hatte sich bereits ein leichtes Schneetreiben gebildet, und Julie war kurz davor, ihre Schutzbrille aus der Anoraktasche zu ziehen. Gerade als sie danach greifen wollte, rutschte Chris vor ihr aus und stürzte zu Boden. Sein Schwung war so groß, dass er vielleicht sogar über die Böschung geschlittert wäre und sich der Unfall von vorhin wiederholt hätte, aber Julie reagierte blitzschnell und bekam ihn mit einer Hand am rechten Arm zu fassen. Sie hielt ihn rechtzeitig fest und verhinderte Schlimmeres. Er stemmte sich vom Boden hoch, atmete erleichtert auf, als er feststellte, dass er sich nicht ernsthaft verletzt hatte, und grinste unsicher. »Verflucht glatt hier«, sagte er verlegen. Es klang wie eine Entschuldigung. »Ich wär beinahe wieder auf Tauchstation gegangen.«

Sie liefen jetzt noch vorsichtiger, konnten von Glück sagen, dass neuer Schnee fiel und den Trail etwas griffiger machte. Einmal rutschte Jacobsen aus und hielt sich im letzten Augenblick an Ruth fest, ein anderes Mal verlor Ruth das Gleichgewicht, und Jacobsen fing sie auf. Jetzt erkannte Julie auch, warum »Nur für geübte Wanderer!« auf der Einladung zum Ausflug gestanden hatte. Streng genommen, hätten Kati und Jacobsen gar nicht mitkommen dürfen. Für Anfänger gab es eine leichtere Tageswanderung am Savage River.

Dennoch war auch Julie froh, als sie den Grund des Tales

erreicht hatten und endlich keine Steigung mehr vor ihnen lag. Dafür häuften sich Schneeverwehungen, die sie stellenweise zu weiten Umwegen zwangen. Im Tiefschnee war es auch auf Schneeschuhen anstrengend, größere Entfernungen zurückzulegen, und bis zu der Blockhütte waren es noch zwei Stunden. »Dafür geht es immer geradeaus«, tröstete Carol die Wanderer. »Und wenn wir dicht an der Felswand bleiben, kommen wir auch einigermaßen vorwärts.«

Wie die Teilnehmer, die sich zum ersten Mal in dem lang gestreckten Tal aufhielten, war auch Julie begeistert von der urwüchsigen Natur dieser abgelegenen Schlucht. Wie eine Landschaft aus »Star Wars« oder »Star Trek« öffnete sich die Schlucht vor ihnen, verlassen und wild, bis auf ein paar verkrüppelte Fichten unbewachsen, in ihrer Einsamkeit aber verlockend und irgendwie romantisch. Ein abgelegener Ort, an dem man alle Sorgen und Probleme vergessen konnte und der Schöpfung so nahe wie nirgendwo sonst war. Jeder Schritt, jedes noch so leise Murmeln, zog ein sanftes Echo nach, und es war manchmal so still, dass man das Fallen des Schnees zu hören glaubte.

Im Schatten der Felswand legten sie eine kurze Rast ein, vor allem wegen Jacobsen, der von dem anstrengenden Marsch sichtlich erschöpft war und dankbar nickte, als Carol die Pause vorschlug. Niemand protestierte dagegen, nicht mal die Clarke-Brüder, und auch Ruth war wohl schon zu lange aus dem Training, um einen solchen Marsch locker wegstecken zu können. »Wir wollen schließlich keine Rekorde brechen, sondern uns an der Schönheit der Natur freuen«, sagte Carol. Wie aus Angst, die Natur könnte jeden Laut in dieser Abgeschiedenheit als Störung auffassen, sprach sie sehr leise. »Essen Sie ein wenig Schokolade oder einen Kraftriegel. Nachher in der Hütte gönnen wir uns was Warmes.«

Julie knipste ihre Stirnlampe aus, auch um die Batterie zu schonen, und stellte ihren Backpack in den Schnee. Sie streckte und reckte sich und rieb mit der flachen Hand über ihre schmerzenden Schultern. Mit einem Kraftriegel in der Hand ging sie zu Carol. Ihr war die verkniffene Miene der Rangerin aufgefallen, als würde ihr etwas nicht in den Kram passen. »Was ist?«, fragte Julie so leise, dass es die anderen nicht hörten. »Wird das Wetter schlechter?«

»Das auch«, antwortete Carol. »Hier sind wir in einem Funkloch, aber sobald wir in der Hütte sind, rufe ich in der Zentrale an und lasse mir den neuesten Bericht geben. Zur Not müssen wir ein paar Stunden in der Hütte aushalten. Aber das ist es nicht …« Sie druckste ein wenig herum und überlegte wohl, ob sie Julie einweihen sollte, dann fuhr sie noch leiser fort: »Ich hab Magenschmerzen. Ziemlich heftige sogar. Wahrscheinlich hab ich gestern Abend was Falsches gegessen. Ich hab mir ein Thunfisch-Sandwich mit reichlich Mayonnaise und Zwiebeln gegönnt, das hätte ich wohl sein lassen sollen. Manchmal brauche ich so was. Je mehr Mayonnaise, desto lieber.«

»Hast du keine Tabletten dabei?«

»Schon genommen. Ich hoffe, sie helfen.«

»Und wenn nicht?«

»Keine Angst, so schnell lasse ich mich nicht unterkriegen. Ich kann ja schlecht den Helikopter kommen lassen.

Dann könnte ich auch gleich kündigen. Eine Rangerin, die ständig predigt, während einer Wanderung keine schwere Kost zu sich zu nehmen, macht sich doch lächerlich, wenn sie am Abend vor der Wanderung ein fettes Sandwich in sich hineinstopft. Nein, ich halte durch! So schlimm ist es nun auch wieder nicht. Aber du könntest mir einiges abnehmen ... auf den letzten Meilen bis zur Hütte vorausgehen, das Essen kochen ...«

»Kein Problem«, versprach Julie. »Endlich kriege ich was zu tun.«

Zehn Minuten später rief sie zum Weitermarsch. Sie wartete geduldig, bis alle ihre Backpacks auf den Rücken geschnallt hatten, und übernahm die Führung. »Sieh an«, verfiel Gary schon wieder in alte Verhaltensmuster, »jetzt darf Julie auch mal vorausgehen. Hoffentlich leistet sie sich keinen Fehltritt.«

»So wie Sie?«, erwiderte Julie bissig.

Alle lachten.

»An Ihrer Stelle wäre ich vorsichtig«, rief ihm Mike zu. »Wenn ich mich recht erinnere, sind sie vorhin aus der Reihe getanzt und nicht Julie. Ich wollte, ich hätte ein Foto von Ihnen beiden gemacht, als Sie wie zwei hilflose Käfer auf dem Rücken lagen. Hätte sich gut in unserem Schaufenster gemacht.«

»Schon gut«, sagte Gary, »ich halte die Klappe.«

Julie kannte den Trail nicht, wusste aber von Carol, dass er dicht an der Felswand entlangführte. Der Lichtkegel ihrer Stirnlampe bewegte sich unruhig über den Schnee, vermischte sich mit dem silbernen Schein des Mondes und der

Sterne. Nur gelegentlich huschte der grüne Schatten des Nordlichts über den Trail und die angrenzende Felswand, verblasste aber zusehends und verschwand schon bald hinter dunklen Wolken. Das Schneetreiben wurde immer stärker, zwang Julie, die Schutzbrille aufzusetzen, die sie auch auf den Hundeschlittenfahrten dabeihatte. Sie hatte den Reißverschluss ihres Anoraks bis unter den Hals geschlossen und ihren Schal über die Nase geschoben, ein wirksamer Schutz gegen den zunehmenden Schnee und den eisigen Wind.

Alle paar Minuten drehte sich Julie nach Carol und den anderen Wanderern um. Im trüben Licht wirkten ihre Gesichter noch müder und angespannter, und Carol sah man an, dass sie unter zunehmenden Schmerzen litt. Doch als sich Julies und ihre Blicke kreuzten, lächelte sie und gab Julie zu verstehen, dass sie sich keine Sorgen zu machen bräuchte. »Es geht schon«, glaubte Julie an ihren Lippen abzulesen. »Ein heißer Tee und ich bin wieder gesund.«

Der Marsch durch die lang gestreckte Schlucht kam Julie unheimlich vor, auch weil sie jetzt vorauslief, und sich der Lichtkegel ihrer Stirnlampe durch unbekanntes Dunkel tastete. Am Himmel schoben sich immer mehr Wolken vor den Mond und die Sterne und ließen dunkle Schatten über die Landschaft wandern. Der Schnee wirbelte durch die Luft und erschwerte ihnen die Sicht.

Julie blickte verstohlen auf die Uhr. Noch ungefähr eine Stunde, länger konnte es nicht mehr dauern. Sie zog unbemerkt das Tempo an, hoffte dadurch ein paar Minuten zu gewinnen und etwas eher in die Blockhütte zu kommen. Allein der Gedanke an einen heißen Tee und ein flackerndes

Feuer verführten sie zu einem Lächeln. Mit festen Schritten lief sie durch den Schnee, der auch im Schatten der hohen Felswand manchmal kniehoch lag, und trat inzwischen so sicher auf, dass sie die Schneeschuhe kaum spürte.

Die Blockhütte wartete am Ausgang der Schlucht, eine schon etwas heruntergekommene Unterkunft aus geschälten Baumstämmen, die man einst meilenweit mit einem Wagen ins Hinterland gekarrt hatte. Sie stand so dicht an der Felswand, dass der Wind nur aus einer Richtung an sie herankonnte und man auch im Winter einigermaßen geschützt war. Neben der Tür lag massenhaft Brennholz, das die Ranger im Sommer in den Tälern geschlagen und säuberlich gestapelt hatten.

»Da wären wir«, rief Julie erleichtert. Sie öffnete die unverschlossene Tür, musste sich mit der Schulter dagegenlehnen, weil sie sich verkantet hatte, und stellte ihren Backpack links unter das einzige Fenster. Carol zündete die Petroleumlampe auf dem Holztisch an. Im flackernden Licht erkannte man die sparsame Einrichtung, den Tisch mit vier Stühlen, einen Küchenschrank, der aus dem 19. Jahrhundert stammen musste, den bulligen Ofen und etliche Matratzen mit Wolldecken, die vor der fensterlosen Wand gestapelt lagen. »Stellen Sie die Backpacks unters Fenster«, sagte Julie, während sie ihre Mütze abnahm und die Handschuhe auszog. »Gary, Chris ... Sie verteilen die Matratzen und bereiten die Nachtlager! Mike, Ruth ... Sie helfen mir bitte beim Kochen! Scott, Josh ... ihr holt Brennholz rein!«

»Sind wir beim Militär?« Gary konnte es nicht lassen. »So wie Sie hat mich nicht mal mein Vater rumkommandiert, und der war Sergeant bei den Marines und glaubte immer, uns wie Rekruten herumscheuchen zu können.«

Julie blieb gelassen, hatte längst gelernt, dass es nichts brachte, wenn man sich aufregte und mit unbelehrbaren Flegeln herumstritt. »Sie können es auch lassen«, erwiderte sie, »dann schlafen Sie heute Nacht auf dem Boden!«

»Schon gut, war nicht so gemeint«, entschuldigte sich Gary.

Julie hatte schon als Kind gelernt, ein Feuer in einem Ofen zu entfachen, als sie ihren Onkel in einem Jagdcamp besucht hatte, und brachte auch dieses Feuer innerhalb weniger Minuten in Gang. Die Clarke-Brüder staunten nicht schlecht und hielten dankbar ihre nackten Hände über die heiße Ofenplatte. Diesmal verkniffen sie sich eine spöttische Bemerkung, anscheinend hatten sie doch dazugelernt. Oder sie hatten gemerkt, dass Julie immer contra gab.

Während die Linakers das Essen zubereiteten, eine kräftige Tütensuppe aus Carols Vorräten, die sie mit etwas Reis und Würstchen anreicherten, ließ Julie reichlich Schnee in einem Topf schmelzen und kochte Tee. »Carol geht's nicht so gut«, entschuldigte sie die Rangerin, die bereits auf ihrer Matratze saß, »sie hat sich den Magen verdorben. Bis morgen früh ist sie wieder fit, stimmt's?«

Carol winkte ab und versuchte zu lächeln, was ihr nur mühsam gelang. »Halb so schlimm«, spielte sie ihre Schmerzen herunter, »nur eine Magenverstimmung. Dabei gibt's in der Nähe unseres Parks gar keinen McDonald's.«

Der Scherz kam nicht bei allen an, ersparte ihr aber bohrende Fragen, denn noch während einige lachten, kniete Julie neben ihr nieder. Bevor sie danach fragen konnte, reichte ihr Josh einen Becher frischen Tee. Julie blickte ihn überrascht an und gab den Becher an Carol weiter. »Alles in Ordnung?«, fragte sie, immer noch ein wenig verwirrt. »Ich sage es nur ungern, aber du siehst nicht gut aus. Bist du sicher, dass es eine Magenverstimmung ist?«

»Nicht der Rede wert«, wischte Carol den Einwand beiseite. Sie nippte an dem heißen Tee und verbrannte sich die Lippen, unterdrückte einen Schmerzensschrei und fluchte leise. »Ich hab das öfter, wenn ich was Falsches esse.«

Julie nahm ihr den Becher ab und stellte ihn auf den Boden. »Soll ich dir was von der Suppe bringen? Ich hätte auch Kekse dabei ... ohne Zucker.«

»Lieber einen Keks«, sagte sie müde. Sie griff nach dem Becher und nippte ein weiteres Mal daran, diesmal ohne sich zu verbrennen. »Rufst du die Zentrale an? Wegen des Wetters? Aber kein Wort über meine Schmerzen.«

Julie trat ans Fenster und zog ihr Funkgerät aus dem Futteral unter dem Anorak. »Hallo, Zentrale! Bitte melden! Hier Ranger Julie Wilson.« Am anderen Ende meldete sich ein Ranger, den sie noch nicht kannte. »Wir sind in der Hütte im Muldrow Valley. Keine besonderen Vorkommnisse.« Den Zwischenfall mit den Clarke-Brüdern verschwieg sie. Es war ja nichts passiert, und warum sollte sie die Pferde scheu machen. »Wie sieht das Wetter aus?«

»Nicht besonders«, kam die Antwort. »Heute Nacht starke Schneefälle, und der Wind hat gedreht und kommt jetzt aus westlicher Richtung. Könnte sein, dass ihr bis morgen Mittag in der Hütte bleiben müsst, aber dann wird es langsam wieder aufklaren. Kein Grund, die Wanderung abzubrechen.«

»Na, immerhin. Danke und over.«

Als sie sich umdrehte, beobachtete sie, wie Josh der leise stöhnenden Carol einen Keks reichte und ihr den Schweiß von der Stirn tupfte, als hätte er schon mal als Krankenpfleger gearbeitet. Dann stand er auf und trat neben sie.

»Schlechte Nachrichten?«, fragte er.

»Wir bekommen schlechtes Wetter«, sagte sie. »Kein Grund, sich Sorgen zu machen. Hier in der Hütte sind wir sicher, und lange soll der Schneesturm nicht anhalten. Spätestens morgen Mittag können wir weiter.« Sie steckte das Funkgerät weg und zögerte sichtlich. »Hör mal, Josh! Ich hab heute Morgen ein bisschen die Rangerin raushängen lassen und mich etwas daneben benommen. Tut mir leid.« Sie blickte aus dem Fenster, mied den Blick in seine verträumten Augen. »Ich mag dich, Josh! Ich mag dich wirklich!«

»Meinst du das ernst?«, fragte er hoffnungsvoll.

»Auch wenn du manchmal ein bisschen arg auf den Putz haust, aber keiner ist perfekt, und ich schon gar nicht. Wenn ich wollte, wie ich könnte, würde ich dich jetzt sogar küssen. Aber die Ranger haben strenge Vorschriften, und dazu gehört auch, dass wir unsere privaten Angelegenheiten nicht in den Dienst mitbringen dürfen. Im Büro sollte man sich ja auch nicht küssen.«

»Es sei denn, es ist Feierabend.«

»Na ja …«

»Und?«, fragte Josh siegessicher. »Haben wir jetzt nicht

Feierabend?« Er blickte auf Carol, die erschöpft auf ihre Matratze gesunken war und leise schnarchte. »Und selbst wenn, deine Chefin schläft tief und fest ...«

»Na, dann ...« Sie küsste ihn hastig auf die Wange.

»War das alles?«, fragte er enttäuscht.

»Eins nach dem anderen«, hielt sie ihn lachend hin.

9

Julie warf zwei Holzscheite ins Feuer und hielt beide Hände über die heiße Ofenplatte. Nach einer anstrengenden Wanderung spürte man besonders, wie wohltuend ein wärmendes Feuer sein konnte. Sie hatte ihre Winterkleidung gegen Trainingshose und Sweatshirt vertauscht und lief in dicken Socken herum. Schneeschuhwandern war anstrengender, als die meisten Leute dachten.

Sie schenkte sich heißen Tee nach und rührte etwas Zucker hinein. Mit dem Becher in einer Hand ging sie zu den Nachtlagern und blickte nachdenklich auf die leise schnarchende Carol hinab. Sie schlief sehr unruhig, als würde sie schlecht träumen, und ihr Gesicht war gerötet, aber das konnte auch von der Hitze kommen, die inzwischen den ganzen Raum ausfüllte. Julie ging neben ihr auf die Knie und legte eine Hand auf ihre Stirn. Auch wenn Carol kein Fieber hatte, sah es doch so aus, als würde sie an mehr als einer leichten Magenverstimmung leiden. Vielleicht Gastritis oder ein Magengeschwür?

Julie hoffte, dass es nicht so war. Von ihrem Vater wusste sie, wie gefährlich eine solche Krankheit sein konnte, besonders wenn kein Arzt in Reichweite war. Wenn sich die Schmerzen der Rangerin verschlimmerten, waren sie vielleicht sogar gezwungen, die Wanderung abzubrechen und umzukehren. Dann würde sie auch nicht zögern, einen Hubschrauber anzufordern. Die Teilnehmer würden sicher Verständnis für diese Maßnahme haben. Sie hatten den Gipfel des Mount McKinley gesehen, das war schon mehr, als die meisten Besucher des Nationalparks von sich sagen konnten, und würden auch einen Teil ihres Geldes zurückbekommen, wenn sie umkehren mussten.

Sie trank einen Schluck und vertrieb die düsteren Gedanken. Bis jetzt war doch alles gut gegangen. Sie hatten die verzweifelte Kati rechtzeitig zurückgeschickt, und auch der Sturz der Clarke-Brüder war glimpflich verlaufen. Der Unfall hätte auch anders ausgehen können. Sie wagte sich gar nicht vorzustellen, was passiert wäre, wenn sich Gary und Chris ernsthaft verletzt hätten. Man hätte Carol und sie dafür verantwortlich gemacht. Zumindest wäre es zu einer nervigen Verhandlung gekommen, die an Carols und ihrem Ruf gekratzt hätte. Ihre feste Anstellung als Rangerin wäre danach in weite Ferne gerückt.

Wieder diese trüben Gedanken, dabei hätte sie doch fröhlich sein sollen. So wie Josh, der immer noch am Fenster stand und ihr liebevoll zulächelte. Er kam dem Prinzen auf dem weißen Pferd, von dem sie manchmal träumte, schon verdächtig nahe. Ein gefühlvoller Mann, wie man sie nur ganz selten traf, schon gar nicht auf dem College, an dem Julie ihren Abschluss gemacht hatte. Dort hatte es keinen gegeben, der ihr Interesse geweckt hatte. Besonders schlimm fand sie den Eishockey-Captain. Ein selbstverliebter Typ, den fast alle Schülerinnen anhimmelten, weil er der Starspieler des Teams war. Julie hatte sich gewundert, als er versucht hatte, mit ihr ins Gespräch zu kommen. Obwohl sie weder zu den Cheerleadern noch zu den It-Girls ihres Jahrgangs gehörte, wartete er nach ihren Kursen auf sie und begleitete sie nach Hause. Als er sie zum Abschlussball einlud und keines der beliebteren Mädchen, die ihn umschwärmten, danach fragte, fing sie an, ihn zu mögen. Vielleicht war er doch anders als die anderen, einer, der sich ernsthaft für sie interessierte und mit dem man reden konnte. Doch der Abschlussball wurde nicht so märchenhaft, wie sie es sich schon als kleines Mädchen erträumt hatte. Irgendwie wirkte er abgelenkt und kümmerte sich kaum um sie. Nach dem Ball hatte er auf einmal keine Zeit mehr und fand ständig eine Ausrede, wenn Julie sich mit ihm treffen wollte. Einige Tage später hatte sie ihn dann mit einem anderen Mädchen im Arm gesehen und sich ihren Teil gedacht.

An dem Abend auf dem verschneiten Jagdtrail, als sie Josh zum ersten Mal begegnet war, hatte er sie schmerzhaft an diesen miesen Typen erinnert. Josh war nicht so laut wie die Clarke-Brüder, hatte aber die gleiche große Klappe, ohne die wohl kein Mann auskommen konnte. Wenn man sie nicht für die Schönsten und Besten hielt, waren sie eingeschnappt, und wenn beim Iditarod eine Frau vor ihnen ins Ziel ging, wie es schon oft passiert war, mussten sie sich schwer zusammenreißen, um vor den Fernsehkameras nicht auszurasten. Wenn sie nur kapieren würden, dass man nicht unbedingt der Schönste und Beste sein musste, um einer Frau zu gefallen. Wo war er denn gelandet, das Eishockey-Ass? Weder in der National Hockey League noch bei einem anderen Top-Team. In der Werkstatt seines Vaters arbeitete er, und der Blaumann stand ihm wesentlich schlechter als die modischen Jeans, die er auf dem College getragen hatte. Keine der Cheerleader drehte sich mehr nach ihm um.

Julie setzte sich auf die Matratze neben Carol und trank von ihrem Tee. Die Linakers und die Clarke-Zwillinge saßen am Tisch und unterhielten sich angeregter, als man es am Morgen für möglich gehalten hätte. »Sie waren kalifornische Meisterin?«, fragte Gary, und Ruth antwortete: »Zwei Mal sogar, und wenn ich nicht gestürzt wäre, hätte es vielleicht sogar zur US-Meisterschaft und den Olympischen Spielen gereicht. Leider war ich genauso leichtsinnig wie Sie. Hab mich kopfüber in die Tore gestürzt, obwohl die Piste stark vereist war, und flog schon beim sechsten Tor aus der Bahn. Gebrochener Knöchel. Jetzt fahre ich nur noch zum Spaß.« Gary hatte wohl eine bissige Bemerkung auf Lager, wurde aber von seinem Bruder gestoppt: »Und Snowboarden? Können Sie das auch?« Ruth schien zu wissen, wie man mit geltungssüchtigen jungen Männern umging. »Haben Mike und ich ein paar Mal versucht, aber besonders gut waren wir nicht. Vielleicht bringen Sie's uns bei. Rufen Sie uns an, wenn Sie in der Gegend sind.« Sie kramte ihren Geldbeutel aus dem Anorak, zog eine Visitenkarte heraus und reichte sie ihm.

Scott Jacobsen saß etwas abseits auf seiner Matratze und las im Schein einer Kerze, die er in einer Schublade gefunden hatte, in einem zerfledderten Buch. Es musste spannend sein, denn er blickte nicht einmal auf und schien vollkommen versunken in seine Lektüre. Besonders gesellig war er nicht, der Werbefachmann aus Chicago, obwohl er doch gerade in seiner Branche viel mit Menschen zu tun hatte. Es sei denn, er gehörte zu den Kreativen, die den ganzen Tag im stillen Kämmerlein saßen und an einem neuen Logo oder Slogan bastelten. Er unterhielt sich kaum mit den anderen Wanderern, sprach nur, wenn er gefragt wurde, und begnügte sich auch dann meist mit Allgemeinplätzen. War er nur etwas seltsam? Oder hütete er ein Geheimnis?

Sie ging früh zu Bett, noch vor den anderen, und empfand das Gemurmel der Linakers und Clarkes so beruhigend, dass sie schon bald einschlief. Im Traum glaubte sie zu erkennen, wie Josh sich auf die Matratze neben ihr legte, so nahe, dass sie seinen Atem auf ihrem Gesicht spürte. Seine Hand suchte nach der ihren und berührte sie sanft, sie zog ihre Hand verdutzt zurück, ließ aber zu, dass er sie erneut berührte, und lächelte sogar dabei. Seine Hand fühlte sich gut an, sein Griff war behutsam und doch entschlossen, die Berührung eines Mannes, der genau wusste, was er wollte, und nicht mit ihr spielte. Sie seufzte glücklich. Und dabei sah sie gerade wie eine Landstreicherin aus.

Ob es an ihrem Traum oder ihrem festen Schlaf lag, wusste sie später nicht mehr zu sagen, doch auch Carol und die anderen Wanderer merkten nicht, wie einer von ihnen leise aufstand, in seine Winterkleidung schlüpfte und mit dem Backpack in der Hand zur Tür ging. Ruth seufzte leise, und Carol drehte sich stöhnend auf die andere Seite, als er die Tür öffnete, und ein Schwall kalter Luft in die Hütte zog, doch gleich darauf schloss er sie leise, und die wohlige Wärme kehrte zurück. »Hey! Was ist?«, rief Gary im Halbschlaf. Er stand auf, legte Holz nach und kehrte auf seine Matratze zurück, ohne zu merken, dass einer der Wanderer verschwunden war. Nur das Buch, in dem er so angestrengt gelesen hatte, lag noch neben seinem Nachtlager.

Auch am nächsten Morgen brauchte Julie viel zu lange, um zu erkennen, dass einer der Teilnehmer fehlte. Erst als sie einige Holzscheite in den Ofen geworfen und die Petroleumlampe auf dem Tisch entzündet hatte, sah sie die leere Matratze. »Scott Jacobsen!«, rief sie verwirrt. »Sind Sie hier irgendwo?«

Sie nahm die Lampe und blickte sich in der Hütte um, weckte Carol und die anderen mit dem Lichtschein, stellte die Lampe auf den Tisch zurück, blickte aus dem Fenster und wusste nicht mehr weiter. »Scott Jacobsen ist verschwunden! Spurlos! Er ist nicht mehr hier! Und das bei dem Sturm!«

Die anderen waren genauso erschrocken wie sie und blickten sich ebenfalls in der Hütte um. Chris hob sogar die Decken auf Jacobsens Matratze hoch, als hätte er sich darunter verstecken können. »Weg! Er ist weg! Und ich hab nichts gesehen. Wie kann man sich denn anziehen und aus der Hütte schleichen, ohne dass einer von uns das merkt? Verflucht, er lag direkt neben mir!«

Carol wollte sich aufsetzen, sank aber sofort wieder zurück. Sie verzog das Gesicht vor Schmerz. »Ich hab immer noch Bauchschmerzen. Ist wohl doch was Hartnäckiges. Eine Magen-Darm-Grippe oder so was.« Sie stemmte sich mühsam auf die Ellbogen und blickte Julie an. »Bringst du mir einen Tee?«

»Klar«, erwiderte Julie. »Bist du sicher, dass es kein Geschwür ist?«

»Das würde sich anders anfühlen.«

»Aber er kann doch nicht einfach verschwinden!«, verstand Josh die Welt nicht mehr. Er hatte tatsächlich auf der Matratze neben ihr geschlafen. »Ich meine ... bei dem Sturm. So erfahren ist er nicht. Er ist weder ein Bergsteiger noch ein geübter Wanderer, das hat man doch gesehen. Der schafft es keine Meile weit.«

»Wir werden nach ihm suchen«, entschied Carol.

»Ich werde nach ihm suchen«, verbesserte sie Julie. »Weit kann er nicht sein. Wenn er nicht erfroren ist, ist er sicher irgendwo untergekrochen. Südlich der Schlucht soll es einige Höhlen geben. Ich sehe mich ein wenig um, und wenn ich ihn nicht finde, rufen wir Search & Rescue.« So hieß die Abteilung der Ranger, die nach vermissten Personen im Nationalpark suchte.

»Ich komme mit«, entschied Carol, »ich kenne die meisten Höhlen.«

Julie schüttelte entschieden den Kopf. »Du bleibst schön liegen und kurierst deine Magenschmerzen aus. Oder willst du irgendwo im Schnee zusammenbrechen? Ich bleibe höchstens bis Mittag weg, dann soll das Wetter besser werden, und Search & Rescue schickt einen oder zwei Hubschrauber her. Wenn sie Jacobsen gefunden haben und nach Hause fliegen, können sie uns gleich mitnehmen. Du lässt dich besser von einem Arzt durchchecken.«

»Wegen harmloser Bauchschmerzen?«

»Frag meinen Vater, der ist Chefarzt am Fairbanks Memorial Hospital. Wenn du ihn über Bauchschmerzen reden hörst, wird dir schlecht. Geh lieber auf Nummer sicher. Wenn du willst, sag ich meinem Vater Bescheid.« Trotz der ernsten Lage konnte sie lachen. »Dann macht er dir einen Sonderpreis.«

»Vielleicht hast du recht«, räumte Carol ein.

Gary hatte sich bereits aus seinen Decken geschält und griff nach seiner Hose. »Soll das etwa heißen, unsere Wanderung ist hier zu Ende? Und nur, weil dieser Verrückte aus der Hütte rennt und die Rangerin Bauchweh hat?«

»Reicht das nicht?«, fragte Julie zurück. »Solange Jacobsen vermisst wird, können wir sowieso nicht weiter, und Carol hat kein Bauchweh, sondern Magenschmerzen, da ist höchste Vorsicht geboten. Keine Angst, wie ich die Ranger kenne, bekommen Sie Ihr Geld wieder, oder Sie bekommen einen Gutschein für eine andere Wanderung.« Sie blickte in die Runde. »Tut mir leid, mit dieser Entwicklung konnte keiner rechnen. Das war höhere Gewalt.«

»Ich wusste, dass dieser Jacobsen einen an der Birne hat«, sagte Chris.

»Scheiß-Amateur!«, fluchte Gary.

Julie goss den Tee auf und brachte Carol einen Becher. »Halte durch, Carol«, sagte sie. »Und sag Search & Rescue, sie sollen einen Arzt mitschicken. Wer weiß, was sich in deinem Magen zusammenbraut. Jacobsen braucht sicher auch einen Arzt, wenn er da draußen zusammengebrochen ist.«

»Allein kannst du nicht raus … zu gefährlich!«, warnte Carol.

»Ich gehe mit«, entschied Josh. »Ich bin jeden Tag mit dem Hundeschlitten unterwegs und kenne mich in der Wildnis aus. Und einen Revolver habe ich auch dabei … für alle Fälle. Falls uns ein Rudel Wölfe in die Quere kommt.«

»Die greifen nur Menschen an, wenn sie Hunger haben, und hier im Park gibt es genug für sie zu fressen.« Carol hielt den Becher mit beiden Händen und atmete das Aroma ein. »Seid vorsichtig mit dem Revolver und kommt sofort zurück, wenn ihr in den Höhlen nichts findet. Sobald die Hubschrauber starten können, übernimmt Search & Rescue das Kommando. Kein falscher Heldenmut!« Sie blickte Josh an. »Ihnen liegt doch was an Julie, oder?«

»Nein ... doch ...«, stammelte er. »Woher wissen Sie ...«

»Das sieht doch ein Blinder«, antwortete sie mit einem etwas gequälten Lächeln. »Obwohl ihr euch wacker geschlagen habt. Keine verstohlenen Küsse und Umarmungen, keine Ablenkung von der Arbeit ... sonst hätte ich Julie nämlich zurückschicken müssen. Wir haben strenge Vorschriften bei den Rangern, und dazu gehört auch, alles Private außen vor zu lassen, sobald man in den Nationalpark fährt. Gerade auf einer solchen Wanderung können wir uns solche Flirtereien nicht erlauben, dazu ist der Job zu verantwortungsvoll.«

»Das wissen wir, Carol«, sagte Julie. »Wenn du willst, dass jemand anders mitkommt, ist es mir auch recht. Hauptsache, wir finden Scott Jacobsen.«

Carol trank einen weiteren Schluck. »Ich will, dass ihr euch da draußen gegenseitig im Auge behaltet. Das Wetter am Mount McKinley ist unberechenbar, auch wenn er noch etliche Meilen entfernt ist. Man weiß nie, was als Nächstes geschieht, auch in den Tälern hier unten. Bis Mittag seid ihr zurück.«

»Aye, Carol«, gehorchte Julie.

Gary hatte das zerfledderte Buch gefunden, in dem Jacobsen so ausgiebig gelesen hatte. »Nun hör sich einer das an«, rief er, nachdem er einige Zeilen überflogen hatte. »Scott Jacobsen ist mit einem bekannten Bergsteiger verwandt.« Er las aus dem Buch vor: »Zu den Bergsteigern, die am Mount McKinley verunglückten, gehörte auch ein gewisser Bill Jacobsen aus Chicago. Zusammen mit seinem langjährigen Partner Nick Harmon versuchte er im Mai 1988, den Gipfel über die gefährliche Nordroute zu erklimmen. Das war bisher nur wenigen Bergsteigern gelungen. Die Wickersham Wall, eine fast senkrechte Felswand, gehört zu den gefährlichsten Wänden des Mount McKinley. Es wird angenommen, dass die Bergsteiger, beide ursprünglich aus Montana und auf zahlreichen unbedeutenden Touren zusammen unterwegs, endlich etwas Großes vollbringen wollten und deshalb in die Wand stiegen. Leider kehrte Bill Jacobsen nicht von dieser Tour zurück. Laut seinem Partner Nick Harmon, der den Gipfel allein erreichte und auch ein Beweisfoto von seiner Besteigung mitbrachte, verunglückte Bill Jacobsen schon beim Aufstieg kurz unterhalb des Gipfels. ›Er war ein Freund und ein großer Bergsteiger‹, sagte Nick Harmon in einer der zahlreichen Talkshows, in der er nach seiner erfolgreichen Besteigung auftrat, ›ich widme die erfolgreiche Besteigung meinem langjährigen Freund und Partner.‹ Die Leiche von Bill Jacobsen wurde niemals gefunden. Es wird vermutet, dass sie mit dem Gletschereis ins Tal gespült wurde und dort für immer begraben liegt.«

»Dicker Hund!«, kommentierte Chris.

»Jetzt weiß ich auch, warum mir dieser Name die ganze

Zeit so bekannt vorkam«, fiel es Mike Linaker ein. »Ich hab ein Buch über den Mount McKinley gelesen, da stand die Geschichte auch drin.« Er blickte Carol entsetzt an. »Mein Gott ... er wird doch nicht nach der Leiche des Mannes suchen ...«

»Also wenn Bill Jacobsen sein Vater war ...«, überlegte Julie laut.

Mike wollte es nicht glauben. »Aber bis zum Gletscher sind es noch etliche Meilen, und der Weg ist sicher gefährlich. Besonders wenn er im Eis nach der Leiche suchen will. Das wäre sogar für einen Profi ziemlich riskant.« Er schüttelte ungläubig den Kopf. »Warum hat er denn nichts gesagt? Und warum hat er keinen Profi für die Suche angeheuert? Ich verstehe das nicht ...«

»Jetzt weiß ich wenigstens, warum er dauernd zum Gipfel hochstarrte«, sagte Julie. »Es muss ihm schwer zu schaffen machen, dass es sein Vater damals nicht geschafft hat. Vielleicht gibt er dem Partner die Schuld, diesem Nick Harmon, sonst hätte er ihn doch mitgenommen. Er müsste doch am besten wissen, wo die Überreste liegen. Haben sie damals nicht gesucht?«

Gary hatte die nächsten Zeilen bereits überflogen. »Hier steht, dass ein Team erfahrener Bergsteiger wochenlang nach der Leiche suchte ... leider vergeblich.« Er las vor: »›Der Berg vereinnahmte ihn ... bis in alle Ewigkeit.‹«

»Dann wissen die Ranger von Search & Rescue wenigstens, wo sie suchen müssen«, sagte Julie, die bereits angezogen war und nur noch auf Josh wartete. »Und wenn er in einer der Höhlen übernachtet hat, finden wir ihn bis Mittag.« Sie wandte sich an Carol. »Sollen wir unsere Backpacks mitnehmen?«

»Nur die Notrationen«, erwiderte Carol, »dann seid ihr beweglicher.« Sie griff sich mit einer Hand an den Bauch und stöhnte unterdrückt. »Und kommt rechtzeitig zurück! Ich hab keine Lust, euch auch noch suchen zu lassen.«

»Aye, Carol. Bis heute Mittag!«

Sie traten ins Freie und blieben eine Weile gegen die Hüttenwand gelehnt stehen, so kalt und böig war der Wind geworden. Dichte Schneeflocken wirbelten durch die eisige Luft. Das Schneetreiben war so dicht, dass sie gezwungen waren, ihre Schutzbrillen aufzusetzen. Beide schoben ihre Schals bis über die Nasen. Sie stiegen in die Schneeschuhe und schnallten sie fest, liefen ein paar Schritte, bis sie richtig saßen und machten sich auf den Weg.

10

Gebückt verließen sie den Schutz der Blockhütte. Sie stapften durch den tiefen Schnee, der sich vor der Tür angesammelt hatte, und erreichten den Trail, der unter dem Neuschnee nur noch zu erahnen war und aus der Schlucht weiter nach Süden führte. Wirbelnde Schneeflocken hüllten sie ein.

Noch war es finster. Ohne Julies Stirnlampe wären sie keine drei Schritte weit gekommen, so dunkel wölbte sich der Himmel über dem zerklüfteten Land. Selbst die Felswände, die am Ausgang der Schlucht dicht zusammenrückten und zum Greifen nahe schienen, hoben sich nur als schwarze Schatten gegen den Schnee ab. Der Mond und die Sterne waren längst erloschen.

Die Spuren, die Scott Jacobsen hinterlassen hatte, waren vom böigen Wind verweht, und sie folgten dem zugefrorenen Fluss, wie es ihnen Carol eingeschärft hatte. Ungefähr zwei Meilen weiter südlich verschwand er zwischen einigen Felsen und hielt auf den Muldrow Glacier zu, in dem er entsprang. In der Felswand westlich des Flusses, die zuerst sachte und dann immer steiler anstieg, lagen mehrere Höhlen, die den Indianern vor einigen hundert Jahren als Unterschlupf vor kriegerischen Jägern gedient hatten. Zu hoch liegend, um sich als Quartier für schlafende Bären zu eignen, aber ideal für die Ranger, die von dort ein Wolfsrudel beobachtet hatten, das inzwischen nach Norden weitergezogen war und in der Gegend des Rock Creek auf die Jagd ging.

Das heftige Schneetreiben machte ihnen noch mehr zu schaffen, als sie ohnehin befürchtet hatten. Außerhalb der Schlucht wehte ihnen der Wind die Flocken so heftig entgegen, dass es ihnen schwerfiel, das Gleichgewicht zu halten. Selbst auf dem Fluss bot die Uferböschung kaum Schutz. Von den Ufern wehte frostiger Schnee herunter, und obwohl sie die Reißverschlüsse ihrer Winterkleidung bis zum Anschlag hochgezogen hatten, glaubten sie zu spüren, dass die eisigen Schleier bis auf ihre Haut drangen. Nur weil sie ihre schweren Backpacks nicht auf den Rücken geschnallt hatten, kamen sie einigermaßen zügig voran.

Julie war froh, Josh in ihrer Nähe zu wissen. Spätestens seit sie ihn geküsst hatte, fühlte sie eine starke Verbundenheit mit ihm, die nichts mehr mit der blinden Schwärmerei zu tun hatte, mit der sie und ihre Freundinnen einige Jungen an der Highschool angehimmelt hatten. Es waren nicht nur seine sanften Augen und seine sportliche Figur, die sie anzogen, eher seine Ernsthaftigkeit und sein verhaltener Humor. Von gelegentlichen Ausfällen abgesehen, begegnete er ihr wie ein Erwachsener, ein Mann mit ernsten Absichten, der mehr als einen oberflächlichen Flirt wollte.

Doch sie war noch nicht bereit für eine ernsthafte Beziehung, hatte fast schon Angst vor einem festen Freund. Weil er ihr ganzes Leben auf den Kopf stellen würde. Wie sollte sie eine verlässliche Rangerin werden, wenn ständig ein Mann in ihrem Kopf herumschwirrte? Ihre Freundin Lucy war abschreckendes Beispiel genug. Sie hatte ihre Ausbildung bei einer Bank abgebrochen, nur um mit ihrem Freund zusammenzuziehen, der als Mechaniker in einer anderen Stadt arbeitete und so wenig verdiente, dass sie kaum über die Runden kamen. Inzwischen war er wieder ausgezogen, und sie konnte von Glück sagen, dass sie einigermaßen wohlhabende Eltern hatte, die sie über Wasser hielten, bis sie einen neuen Ausbildungsplatz gefunden hatte. Oder Brandy, die alle paar Tage mit einem neuen Freund daherkam und sich mit ihrem Job bei Walmart zufriedengab, weil sie für eine anspruchsvollere Arbeit den Kopf nicht frei hatte. »Werd endlich erwachsen!«, hatte Julie ihr vorgehalten.

Josh blieb stehen und drehte sich nach ihr um. Er hatte seine Skibrille aufgesetzt, musste aber dennoch blinzeln. »Möchte wissen, was Jacobsen geritten hat, bei diesem Sauwetter davonzulaufen. Der war doch bestimmt noch nie in den Bergen. Wenn er nicht aufpasst, ergeht es ihm wie Gary und Chris, und er stürzt in eine Eisspalte oder eine Schlucht.« Er wartete, bis Julie aufgeschlossen hatte. »Meinst du wirklich, er sucht nach der Leiche seines Vaters? Nach zwanzig Jahren? Er muss schon ziemlich besessen sein, wenn er glaubt, die finden zu können. Und was soll diese Geheimnistuerei? Er hätte doch die Polizei oder die Ranger informieren können, wenn er einen Verdacht hatte.«

»Keine Ahnung, was ihn antreibt«, sagte sie, »aber weit kommt er auf keinen Fall. Mit den Schneeschuhen kommt er mittlerweile ganz gut zurecht, aber besonders durchtrainiert ist er nicht, und eine Karte und einen Kompass hab ich auch nicht bei ihm gesehen. Seit ich ihn kenne, hat er mich ein paar Mal zum Mount McKinley ausgefragt und wie nah wir bei unserer Wanderung an den Berg herankommen. Ich hab ihm geantwortet, dass wir es höchstens bis in die Ausläufer schaffen. Ich weiß nicht, wo er dort nach der Leiche suchen will. Ich dachte, sein Vater wäre an der Wickersham Wall abgestürzt, und da kommen nur erfahrene Bergsteiger hin. Ich hoffe nur, er lebt noch.«

»Und wenn er gar nicht zum Berg will?« Josh half ihr über einen Eisbrocken hinweg und hielt sie fest, als sie für einen Moment das Gleichgewicht verlor. »Wenn er genug von der Wanderung hatte und nach Hause wollte?«

Julie hatte nichts dagegen, dass er sie länger als unbedingt nötig festhielt. Nur das Sprechen fiel ihr plötzlich schwerer. »Dann ... dann sehen wir alt aus. Es sei denn, er hält durch, bis die Hubschrauber kommen. Aber auf den Hügeln und dem Jagdtrail kommt er bei dem Wetter keine Viertelmeile weit.«

Josh legte einen Finger auf ihre Lippen.

»Was ist denn?«, flüsterte Julie.

»Hörst du nichts?«

»Der Wind wird stärker.«

»Ein Snowmobil ... ganz in der Nähe.«

»Doch nicht etwa diese Jungen, die wir neulich aus dem Park gejagt haben.« Sie sprach mit gedämpfter Stimme und war kaum zu hören. »Die glauben wohl, wir sind bei so einem Wetter nicht unterwegs, und sie könnten sich alles erlauben. Na, warte! Diesmal kommen sie nicht so glimpflich davon.«

Julie lief geduckt über das Flusseis, stieg auf einen Felsbrocken und wollte bereits über die Böschung klettern, als Josh sie erreichte und am Anorak zurückhielt. »*Ein* Snowmobil! Nur *ein* Snowmobil! Das sind nicht die beiden Jungen!«

Sie löschte erschrocken ihre Stirnlampe. Josh hatte recht, sie hatten keine Ahnung, wer das Snowmobil steuerte. Auf keinen Fall ein Ranger, die waren in diesem Teil des Nationalparks nur mit dem Hundeschlitten unterwegs.

»Aber ... wer sollte es denn sonst sein?«

Josh kletterte ebenfalls auf den Felsbrocken, und sie spähten beide über die Uferböschung hinweg. Das Snowmobil war bereits näher, als sie dachten, und kam genau auf sie zu. Gelbes Scheinwerferlicht ließ den Schnee, der unter dem Laufband hochspritzte, wie Gischt in der Brandung leuchten. Die Maschine wurde immer größer, der Motor immer lauter, das Licht immer greller.

»Ein Mann!«, erkannte Josh. »Er hat ein Gewehr dabei!«

Julie kniff die Augen gegen den Flockenwirbel zusammen, um besser sehen zu können, und musste ihm zustimmen. Ein kräftiger Mann mit einem Gewehr über dem Rücken hob sich deutlich gegen den hellen Schnee ab. »Ein Wilderer!«, sagte sie so leise, dass Josh sie kaum verstand. »Das kann nur ein Wilderer sein! Warum sollte er sich sonst in dieser Gegend herumtreiben?«

Josh wollte nach seinem Revolver greifen, ließ ihn aber stecken, als er Julies erschrockenen Blick sah.

Sie schüttelte den Kopf. »Viel zu gefährlich!«

»Er kommt genau auf uns zu!«, warnte Josh. »Der will bestimmt auf den Fluss!« Er blickte sich suchend um und entdeckte einige Eisbrocken, groß genug, um sie vor den Blicken des Mannes zu verbergen. Dunkel und unheilvoll erhoben sie sich aus dem matten Flusseis. »Hinter die Eisbrocken! Schnell!«

Sie liefen über den Fluss und gingen hinter den Eisbrocken in Deckung. Gerade noch rechtzeitig, denn schon im nächsten Augenblick heulte der Motor des Snowmobils auf, und das Licht der Scheinwerfer flammte über die Uferböschung hinweg auf den Fluss.

Der Mann verharrte sekundenlang am Ufer, suchte anscheinend nach einer flachen Stelle, um ungehindert auf das Eis fahren zu können, und lenkte sein Snowmobil nach Süden. Während er den Lenker drehte, wanderte der helle Lichtkegel seines Scheinwerfers über den Fluss und strich über die Eisbrocken, hinter denen Julie und Josh in Deckung lagen. Ihr schlug das Herz bis zum Hals vor Angst. Eine innere Stimme verriet ihr, dass es sich bei dem Fahrer des Snowmobils um einen gefährlichen Mann handelte, der nicht davor zurückschrecken würde, auf sie zu schießen, falls er sie entdeckte. Doch nichts geschah, der Lichtkegel wanderte weiter, und sie blieben unentdeckt. Erleichtert beobachteten sie, wie der Fremde ungefähr eine Viertelmeile weiter südlich auf den Fluss fuhr und mit heulendem Motor im Schneetreiben untertauchte.

»Gott sei Dank«, sagte Julie leise.

»Das war knapp«, erwiderte Josh.

Julies Hände zitterten ein wenig, als sie ihr Funkgerät unter dem Anorak hervorkramte und die Zentrale rief. Die Verbindung kam nur bruchstückhaft zustande, wurde immer wieder von lautem Rauschen oder Knacken unterbrochen. »Wiederholen Sie!«, hörte sie, nachdem sie ihre Meldung gemacht hatte, und dann noch einmal »Wiederholen Sie!« Sie versuchte Carol zu rufen, doch auch zu ihr kam nur eine sehr schlechte Verbindung zustande. »Julie!« und »Zurück!« waren die einzigen Wörter, die sie verstand. Enttäuscht steckte sie das Funkgerät in die Halterung zurück. »Ich glaube, Carol will, dass wir umkehren«, sagte sie. »Sie hat wohl Angst, dass wir dem Kerl noch mal in die Quere kommen.«

»Und Jacobsen? Soll der inzwischen erfrieren?«

»Nun ja«, erwiderte Julie, die sich selbst um Jacobsen sorgte, »ich hab nur ›Zurück!‹ verstanden, und damit kann Sie auch was anderes gemeint haben. Wir sollten wenigstens in den Höhlen nachsehen, sonst machen wir uns später noch Vorwürfe.« Wenn es nicht schon jetzt zu spät war, führte sie den Satz in Gedanken fort. Jacobsen war bestimmt schon zehn Stunden unterwegs, lange genug, um einen unerfahrenen Mann wie ihn in ernsthafte Gefahr zu bringen.

Sie verließen ihre Deckung und folgten dem Fluss nach Süden, in dieselbe Richtung, die auch der Mann auf dem Snowmobil eingeschlagen hatte. Das Schneetreiben war unvermindert stark. Böiger Wind fegte über das Flusseis und blies ihnen manchmal so stark ins Gesicht, dass ihnen das Atmen schwerfiel. Alle paar Schritte blieben sie stehen und lauschten, zumindest würde sich der geheimnisvolle Fremde mit dem lauten Dröhnen des Motors ankündigen, falls er umgekehrt war und wieder auf sie zukam. Josh hatte ständig ein mögliches Versteck im Auge, in dem sie im Notfall rasch untertauchen konnten.

»Vielleicht hätten wir ihn doch festnehmen sollen«, sagte Josh, nachdem sie eine Weile schweigend durch das Schneetreiben gestapft waren. »Gegen den Revolver hätte er nichts machen können. Wir hätten ihn gezwungen, sein Gewehr in den Schnee zu werfen und vor uns herzugehen ... bis zur Hütte.«

Julie blickte ihn zweifelnd an. »Und was, wenn er sich gewehrt hätte? Was dann? In dem Schneetreiben hätten wir ihn unmöglich die ganze Zeit in Schach halten können. Und was wäre inzwischen mit Jacobsen passiert? Hättest du ihn aufgegeben, nur um einen Wilderer festnehmen zu können?« Sie schüttelte den Kopf. »Ich bin froh, dass du's nicht versucht hast. Das wäre nur in die Hose gegangen. Nein ... ich bin froh.«

»Ich will nach dem Iditarod auf die Law Enforcement School gehen«, sagte Josh nach einigem Zögern. »Ich will State Trooper werden. Verrückt, was?«

»Bei den Rangern?«, fragte sie hoffnungsvoll.

»In Fairbanks. Mein Vater war State Trooper in Valdez.«

»Klingt gut.«

»Aber dann muss ich vielleicht auf Menschen schießen.«

»Nur in Notwehr ... wenn überhaupt. Ein Law Enforcement Ranger hat mir verraten, dass die meisten Gesetzesbeamten überhaupt nie schießen müssen. Das denkt nur jeder, weil in den Fernsehkrimis ständig einer rumballert.«

Im Osten zog bereits der Tag herauf, als sie die Felsen erreichten. Noch waren sie nur als dunkle Schatten in dem Schneetreiben zu erkennen, eine Ansammlung von zerklüfteten Wänden und brüchigen Felstürmen, die oberhalb eines steilen Hanges aus dem Boden wuchsen und das Tal von den Ausläufern des Mount McKinley und dem gewaltigen Muldrow Glacier trennten.

Widerwillig verließen sie den Fluss, auf dem sie wenigstens einigermaßen vor dem Wind geschützt waren, und kämpften sich durch den Tiefschnee auf die Felsen zu. Julie vermutete ein weites Geröllfeld unter dem Schnee, einen felsigen Hang, der immer steiler anstieg und ihnen alles abverlangte. Kaum etwas war so anstrengend, wie eine Steigung auf Schneeschuhen zu meistern, auch wenn man nicht mit einem schweren Backpack beladen war.

Obwohl sie beide durchtrainiert waren, gerieten sie schon bald ins Schnaufen. Dichte Atemwolken gefroren vor ihrem Mund, als sie bedächtig einen Fuß vor den anderen setzten und die Höhe erklommen. In den Felswänden, die sich immer deutlicher gegen den Schnee abzeichneten, waren mehrere Höhlen zu sehen, dunkle Löcher, die wie Wunden im grauen Fels klafften und nur über die steilen Hänge erreichbar waren. Der Wind trieb eisige Schneeschleier an den Höhlen vorbei und ließ sie auf den Hang schweben.

»Ich glaube nicht, dass er in einer Höhle ist«, sagte sie. »Das ist doch viel zu steil für einen untrainierten Mann wie ihn. Der hätte schlapp gemacht.«

»Wenn man friert und müde ist, schafft man vieles.«

Julie blieb stehen und legte beide Hände trichterförmig um ihren Mund. »Jacobsen!«, rief sie. »Scott Jacobsen! Sind Sie da oben? Ich bin's, Julie! Kommen Sie runter! Was Sie vorhaben, ist zu gefährlich! Hören Sie mich?«

Keine Antwort. Nur der Wind, der unaufhörlich blies und sang.

»Bei dem Wetter hört dich niemand«, sagte Josh. Er blickte forschend an der Felswand empor. »Lass uns zu der großen Höhle gehen, direkt vor uns.«

Sie stiegen weiter den Hang hinauf. In dem lockeren Neuschnee hatten sie es auch mit den Schneeschuhen schwer, festen Halt zu finden, und waren gezwungen, in weiten Serpentinen die Steigung zu erklimmen. Um gegen den Wind geschützt zu sein, gingen sie leicht gebückt, immer bereit, sich gegen die Böen zu stemmen. Auf dem ungeschützten Hang war der Wind besonders heftig, er blies so stark, dass sie sich öfter mit den Händen abstützen mussten.

Ungefähr zwanzig Schritte vor der Höhle verließ sie ihr Glück. Eine winzige Unachtsamkeit, ein flüchtiger Blick zum östlichen Horizont, brachte Josh aus dem Gleichgewicht und ließ ihn stolpern. Ein Reflex ließ ihn nach Julies Arm greifen. Zusammen stürzten sie zu Boden und den Hang hinab, überschlugen sich mehrmals und blieben ungefähr zwanzig Schritte weiter unten im Tiefschnee liegen. Josh schrie vor Schmerzen und griff nach seinem Fuß.

Julie grub sich prustend aus dem Schnee, stellte erleichtert fest, dass sie sich nicht verletzt hatte, und drehte sich zu Josh um. »Josh! Bist du verletzt?«

»Mein Fuß!«, stöhnte er. Sein Gesicht war blass und vor Schmerz verzerrt. »Gebrochen oder verstaucht!« Er wollte sich aufrichten, fiel aber sofort wieder schreiend zurück. »Verdammt, solche Schmerzen hatte ich noch nie!«

Sie stemmte sich auf die Knie und grub vorsichtig seine Beine aus dem Schnee. Mit den Fingern schob sie behutsam seine Hose zurück. Sein linker Knöchel war bereits geschwollen. Sie fuhr sanft mit der linken Hand darüber und bewegte langsam seinen Fuß. Er schrie aus Leibeskräften.

»Bist du verrückt? Das tut höllisch weh!«

»Gebrochen ist er nicht«, beruhigte sie ihn.

»Woher willst du das wissen?«

»Mein Vater ist Arzt, schon vergessen? Da lernt man so einiges.«

Aus der Ferne drang erneut Motorengeräusch zu ihnen herüber. Sie blickten beide nach Süden und sahen den Scheinwerfer eines Snowmobils durch das Schneetreiben leuchten. Viel zu schnell kam es näher. Der Motor heulte jedes Mal auf, wenn es über eine Bodenwelle fuhr, der Scheinwerfer tanzte.

»Der Mann mit dem Gewehr!«, zischte Julie. »Wir müssen hier weg!«

»Wie denn? Ich kann nicht laufen!«

»Du musst!«, forderte Julie ihn auf. »Bis zur Höhle schaffen wir das schon.« Sie reichte ihm die Hände. »Beeil dich, wir haben nicht viel Zeit. Der Mann muss jeden Augenblick hier sein. Ich stütze dich.«

Er griff nach ihren Händen und stemmte sich mit dem gesunden Bein aus dem Schnee, wurde fast ohnmächtig vor Schmerz, als er mit dem anderen hängen blieb. Mit geschlossenen Augen hielt er sich an ihren Armen fest, bis der Schmerz etwas nachließ, und er wieder einigermaßen klar im Kopf war.

»Halt dich an meiner Schulter fest!«, sagte Julie. Das Brummen des Motors wurde immer lauter, konnte nicht mehr weit entfernt sein. »Beeil dich!«

Er gehorchte und schrie schon beim ersten Schritt. Stöhnend vor Schmerz sank er zu Boden. »Ich kann nicht«, jammerte er. »Es ... es tut so ... so verdammt weh! Geh allein weiter, Julie! Ich ... ich vergrab mich hier im Schnee.«

»Unsinn! Die paar Schritte schaffst du. Oder willst du, dass er auf dich schießt?« Sie zog ihn erneut aus dem Schnee. »Beiß die Zähne zusammen!«

Das lauter werdende Brummen des Motors in den Ohren, kämpften sie sich weiter den Hang hinauf. Julie ächzte unter seinem Gewicht, schaffte es kaum, die Beine zu heben, und hatte das ständige Gefühl, sie würden der Höhle keinen Schritt näher kommen. Zu langsam und behäbig kamen sie voran. »Gleich haben wir es geschafft!«, machte sie ihm Mut. »Weiter, Josh!«

Wie sie es schafften, ohne dass Josh ohnmächtig wurde, vermochten sie später nicht mehr zu sagen. Mit einer letzten Kraftanstrengung erreichten sie die Höhle. Josh sank zu Boden und blieb mit den Schneeschuhen auf dem nackten Felsboden liegen. Julie blieb geduckt im Eingang stehen und beobachtete mit klopfendem Herzen, wie der geheimnisvolle Fremde in ihrem Blickfeld erschien, zu ihrem Schrecken den Motor drosselte und stehen blieb.

Sie warf sich zu Boden, riss sich die Schutzbrille vom Gesicht, und spähte den steilen Hang hinab. Der Blick des Mannes wanderte an den Höhlen entlang, blieb länger an dem Eingang zu ihrer Höhle hängen, zumindest glaubte sie das zu erkennen, und richtete sich nach Süden. Erneut ließ er den Motor seines Snowmobils aufheulen und fuhr davon, in das Schneetreiben hinein.

»Er ist weg!«, flüsterte sie. »Und ich dachte schon …« Sie ließ den Satz unvollendet und drehte sich nach Josh um. Er hatte das Bewusstsein verloren.

11

Julie verlor keine Zeit. Sie schnallte ihre Schneeschuhe ab, befreite auch Josh von diesem lästigen Ballast und zog ihn weiter in die Höhle hinein. Im Schein ihrer Stirnlampe legte sie ihn auf eine windgeschützte Felsplatte rechts vom Eingang. Sie nahm ihm die Schutzbrille ab, dachte daran, ihm den Stiefel vom verstauchten Fuß zu ziehen, entschloss sich aber dagegen. Die Angst, ihn nicht mehr über den geschwollenen Knöchel ziehen zu können, war zu groß.

Als sie Josh den Schnee vom Gesicht wischte, öffnete er die Augen. Er blickte sie ungläubig an. »Wo bin ich? Was ist passiert?« Im selben Augenblick meldete sich sein Knöchel, und er stöhnte vor Schmerz. »Verdammt! Das tut höllisch weh!« Er kniff die Lippen zusammen und versuchte, sich an den Schmerz zu gewöhnen. »Ist er weg?«

»Der Mann mit dem Snowmobil? Der ist nach Süden gefahren.«

»Auf den Mount McKinley zu?«

»Ich weiß auch nicht, was er da will. Mit dem Snowmobil kommt er in den Ausläufern sowieso nicht weit. Und Wild gibt's da auch nicht.« Sie sah, wie Josh verzweifelt gegen den Schmerz ankämpfte, und legte eine Hand auf seine Wange. »Nicht bewegen. Du nimmst jetzt erst mal Schmerztabletten aus dem Notfallvorrat und dann leg ich dir einen kalten Umschlag drauf. Dann wird es gleich besser.«

Sie gab ihm die Tabletten und öffnete die Schnürsenkel seines linken Stiefels, um besser an den verstauchten Knöchel zu kommen, kramte einen sauberen Lappen aus einer ihrer Anoraktaschen und tauchte ihn in das Eiswasser neben dem Eingang. Mit dem nassen Lappen und einer Handvoll Schnee kehrte sie zu Josh zurück. Sie schob den Schnee vorsichtig unter seine Socke, entschuldigte sich leise, als er vor Schmerzen stöhnte, und legte den kalten Lappen über seinen Knöchel.

»Danke«, sagte er, »das tut gut.«

»Sorry, aber ein Lagerfeuer und warme Wolldecken musst du dir denken. Hier gibt's weit und breit kein Holz für ein Feuer, und ich hab keine Lust, meinen Anorak zu verbrennen.« Sie lächelte verschmitzt. »Und Decken kann ich leider auch nicht herzaubern.« Sie ging zum Eingang. »Ich sag Carol Bescheid.«

Leider schien ihr Funkgerät bei dem Sturz ebenfalls gelitten zu haben, oder das Tal lag zu abgelegen, denn auch diesmal war die Verbindung so schlecht, dass sie kaum etwas verstand. »Josh ist verletzt«, rief sie so laut und deutlich wie möglich. »Er hat sich den Fuß verstaucht. Schick den Hubschrauber zu den Höhlen!« Sie wiederholte die Meldung mehrere Male, war sich aber auch dann nicht sicher, ob Carol sie verstanden hatte. »Julie …«, kam die bruchstückhafte Antwort. »… Josh … wie passiert … hoffentlich Wetter … besser …«

Danach war nur noch ein lästiges Rauschen und Knacken zu hören, und sie schaltete entnervt das Funkgerät ab. »Die Verbindung war schon mal besser«, sagte sie. »Mit dem Handy kommst du hier draußen auch nicht weit. Es sei denn, du hast eines dieser schlauen Dinger, die auch im Dschungel klingeln.«

»Das schenk ich dir zu Weihnachten.«

»Zu teuer«, erwiderte sie. »Lass uns lieber was Feines essen gehen.«

»Sushi?«

Sie blickte ihn verwundert an. »Du magst Sushi? Rohen Fisch und so 'n Zeug? Und ich dachte, angehende State Trooper mögen nur Cheeseburger.«

»Im Augenblick würde mir schon ein Stück Schokolade reichen.«

Sie brach ihm einen Riegel von ihrer eigenen Reserve ab. Anscheinend waren die Schmerzen etwas zurückgegangen. Sie wusste aus eigener Erfahrung, wie schmerzhaft eine Verstauchung sein konnte. Vor zwei Jahren war sie auf einem Parkplatz neben ihrem Pick-up ausgerutscht und hatte sich ebenfalls einen Knöchel verstaucht. Sie konnte sich noch daran erinnern, wie weh es getan hatte. Mit dem Taxi war sie ins Krankenhaus gefahren und hatte Krücken verpasst bekommen.

»Kurz nach zehn«, sagte sie nach einem Blick auf ihre Armbanduhr. »Heute Mittag soll der Sturm abflauen. Die Hubschrauber starten, sobald man einigermaßen die Hand vor Augen sieht. Das sind hartgesottene Piloten. Ich hab gehört, einer soll Kampfflieger im Irak gewesen sein. Die kommen bald.«

Josh konnte schon wieder lächeln. »Ich weiß gar nicht, ob ich mir das wünschen soll. Solange du dich um mich kümmerst.« Er streckte seine Hand aus, und sie griff danach. Sie hatten beide die Handschuhe ausgezogen und spürten die Wärme des anderen. »Du bist echt cool, Julie, weißt du das? Wenn ich's nicht besser wüsste, könntest du schon jahrelang bei den Rangern sein.«

»Mein Dad sagt, ich sollte meine Outdoor-Klamotten öfter mal gegen ein Kleid eintauschen.«

»Wie ein Hausmütterchen?«

»Damit ich weiblicher wirke.« Sie betonte das »weiblicher«. »Meiner Mutter hat er das auch immer geraten, dabei ist sie Ärztin, wie er. Ich glaube, die jungen Krankenschwestern, die ständig vor ihm kuschten, waren ihm lieber.«

»Ich mag Frauen, die sich nichts gefallen lassen.«

»Dann bist du bei mir richtig.« Sie beugte sich zu ihm hinunter und küsste ihn auf den Mund. »Ich sehe mich mal in der Höhle um. Ich glaube, die ist größer, als wir dachten. Hoffentlich schläft kein Grizzly im Hinterzimmer.«

»Sieh dich bloß vor!«

»Ich nehme es auch mit Bären auf, Josh.«

Mit eingeschalteter Stirnlampe drang sie in das Innere der Höhle vor. Der vordere Teil endete ungefähr fünfzig Schritte weiter an einer grauen Felswand mit einem gefrorenen Wasserfall, der aus einer Öffnung dicht unter der Decke ragte und in einer vereisten Lache auf dem Boden endete. Sie ging vorsichtig um die Eislache herum und erreichte einen breiten Tunnel, der nach links abbog und sich im scheinbar endlosen Dunkel verlor. Neugierig lief sie weiter.

In dem Tunnel war es so kalt, dass sie gezwungen war, ihre

Handschuhe wieder anzuziehen. Ein schwacher Lufthauch zog durch den Gang, brachte die eisige Luft von draußen durch verborgene Öffnungen oder Spalten in der Felswand mit. Die Wände waren mit einer dicken Eisschicht überzogen. Der flackernde Lichtschein ihrer Stirnlampe huschte über die vereisten Felswände hinweg, während sie sich vorsichtig über den ebenso glatten Boden nach vorn tastete.

Als sie an eine Weggabelung kam, blieb sie stehen und überlegte eine Weile. Der Gedanke, sie könnte sich in dieser Höhle verirren und nicht mehr zum Ausgang finden, jagte ihr einen Schauder über den Rücken. Der eisige Lufthauch wanderte wie unheimliches Flüstern durch den Tunnel, die Stimmen der Unglücklichen, die sich in diesem Labyrinth verirrt hatten und niemals ans Tageslicht zurückgekehrt waren. Ihre Kehle zog sich zusammen.

Immer nach rechts, sprach sie sich Mut zu, dann kann nichts passieren. Ohne weiter darüber nachzudenken, lief sie in den rechten Gang, folgte dem Lichtkegel ihrer Stirnlampe, die ihr nervös vorauszueilen schien. Ihre Schritte hallten leise durch die Dunkelheit, selbst ihren Atem glaubte sie hören zu können. An vielen Stellen war der Boden so glatt, dass sie sich mit einer Hand an der vereisten Felswand festhalten musste, ohne auch dort rechten Halt zu finden. Kehr um, rief ihr eine innere Stimme zu, du bist weit genug!

Doch sie ging weiter und erreichte wenig später einen anderen Höhlenraum, beinahe kreisrund und kuppelförmig und an manchen Stellen so vereist, dass man kaum noch die Felswand sah. Durch einen Spalt in der Decke fiel düsteres Licht herein, und der Wind pfiff singend in die Höhle und trieb ihr einige Schneeflocken ins Gesicht. Von der Decke hingen dicke Eiszapfen.

Julie ließ den Lichtkegel ihrer Stirnlampe durch den Höhlenraum wandern und blieb an einem dunklen Etwas hängen, das zusammengekauert auf dem Boden zu liegen schien. Zuerst glaubte sie an ein Tier, vielleicht doch einen Bären, aber in dem Lichtschein bewegte sich nichts, kein Aufschrecken und kein warnendes Knurren war zu hören. Vorsichtig ging sie darauf zu, langsam einen Fuß vor den anderen setzend und stets bereit, sofort umzudrehen und zu fliehen, falls sich doch etwas bewegte. Sie war unbewaffnet, hatte nicht einmal einen Knüppel, um sich gegen einen plötzlichen Überfall wehren zu können.

Was sie dann erkannte, war mindestens ebenso erschreckend wie das weit aufgerissene Maul eines Grizzlys. Ein menschliches Skelett lag auf dem vereisten Boden, die Arme und Beine ausgestreckt, als hätte man die Leiche achtlos in die Höhle geworfen. Teilweise waren die Knochen noch mit der Winterkleidung eines Bergsteigers bedeckt. Neben ihm lagen sein Helm und seine Ausrüstung, Eispickel, Steigeisen, Alpingurte, wie Grabbeigaben eines bedeutenden Mannes, den man in einem natürlichen Mausoleum zur ewigen Ruhe gebettet hatte.

Julie schrie nicht und rannte nicht davon, war durch die Erzählungen ihrer Eltern so oft mit dem Tod beschäftigt gewesen, dass sie keine Scheu vor ihm zeigte. Eher neugierig beugte sie sich zu dem Skelett hinab. In der Schläfe des Schädels klaffte ein Loch, das Einschussloch einer Pistole, wie sie vermutete, und der Beweis dafür, dass der Mann sich entweder selbst gerichtet hatte oder erschossen worden war. Vielleicht steckte die Kugel sogar noch im Schädel.

Sie dachte nicht daran, den Schädel in die Hand zu nehmen, durchsuchte stattdessen die Taschen des Overalls, der in Fetzen von seinen Knochen hing und im Sommer wahrscheinlich von Tieren angefressen worden war. In einer versteckten Brusttasche, deren Reißverschluss sich nur mit Gewalt öffnen ließ, fand sie ein kleines schwarzes Buch, dessen erste Seiten eng beschrieben waren. Sie richtete sich auf und ließ ihre Stirnlampe auf die erste Seite leuchten.

»Billy Jacobsen«, stand dort. »Tagebuch der Mount-McKinley-Expedition im Mai 1988.« Sie blätterte zu den letzten Eintragungen vor und las mit wachsendem Entsetzen: »… sind auf dem Rückweg. Nick ist wie verwandelt, kann anscheinend nicht vertragen, dass ich ebenfalls auf dem Gipfel war …«

Sie ließ die Hand mit dem Tagebuch sinken und blickte entgeistert auf das Skelett des Bergsteigers hinab. Deshalb hatten sie ihn also nicht gefunden. Er hatte ebenfalls den Gipfel des Mount McKinley erreicht, war mit Nick Harmon abgestiegen und erst hier in den Ausläufern des Berges von ihm erschossen worden. Aus Eifersucht und krankhaftem Geltungsbedürfnis. Sein Partner hatte wohl mit ihm in dieser Höhle gelagert und ihn, nachdem er ihn auf heimtückische Weise erschossen hatte, in den abgelegenen Raum geschleppt.

So musste es gewesen sein. Bill Jacobsen war vor mehr als zwanzig Jahren gestorben, weil Nick Harmon den ganzen Ruhm für sich allein haben wollte. Der Mörder hatte ihn so lange am Leben gelassen, weil er beim Abstieg auf seine Hilfe angewiesen war, und ihn erst erschossen, als er ohne ihn auskommen konnte. Wie er es geschafft hatte, Jacobsen daran zu hindern, über Funk das Basislager zu rufen, um über den Fortgang der Expedition zu berichten, war ihr allerdings schleierhaft. Dennoch hatte Harmon einen schwerwiegenden Fehler begangen. Er hatte nicht bedacht, dass sich die Kleider seines Opfers in der Eiseskälte länger halten würden, und er hatte aus irgendeinem Grund versäumt, sich das Tagebuch des Toten anzueignen.

In Gedanken versunken kehrte Julie in den Vorraum der Höhle zurück. Scott Jacobsen musste auf irgendeine Weise herausbekommen haben, dass etwas mit dem Tod seines Vaters nicht stimmte, und hatte wohl beschlossen, auf eigene Faust nachzuforschen, was wirklich passiert war. Den Rangern und der Polizei schien er nicht mehr zu trauen, nachdem sie den Leichnam schon damals nicht gefunden hatten. Ohne an die gefährlichen Folgen zu denken, war er mitten in einem Sturm losmarschiert, um in den Ausläufern des Mount McKinley nach seinem Vater zu suchen. Ein waghalsiges Unternehmen, das bei einem untrainierten Menschen wie ihm unweigerlich zum Tod führen musste. Selbst ein erfahrener Wanderer würde sich in der zerklüfteten Gletscherregion des Mount McKinley schwertun und sich vor allem nicht ohne Begleitung und die notwendige Ausrüstung in die Gegend wagen.

Von den Höhlen hatte Scott Jacobsen anscheinend nichts geahnt, sonst wäre er bestimmt hinaufgestiegen. Vielleicht erlag er auch dem Fehler, den die Polizei und die Ranger vor langer Zeit begangen hatten, weil er genau wie sie vermutete, dass Bill Jacobsen irgendwo am Fuße des Mount McKinley lag. Anscheinend hatte er sich nicht ausreichend über den Berg informiert, sonst wäre ihm schon vor der Wanderung klar geworden, dass er niemals so weit kommen würde. Vielleicht war er aber auch so verbissen in sein Vorhaben, dass er solche Bedenken einfach beiseitegewischt hatte. Vermutete er, dass sein Vater von seinem angeblich besten Freund und Partner ermordet worden war? Trieb ihn die Befürchtung an, er könnte einem furchtbaren Verbrechen auf der Spur sein? War er deshalb Hals über Kopf aus der Blockhütte geflüchtet? Sie konnte es kaum glauben.

»Da bist du ja!«, rief Josh erleichtert. »Ich dachte schon, dir wäre was passiert.« Er zeigte ihr seinen Revolver. »Du hättest den hier mitnehmen sollen.«

»Der hätte gegen einen Grizzly auch nicht viel genützt.«

»Hast du einen getroffen?«

»Ich habe Bill Jacobsen gefunden.«

»Bill Jacobsen? Den Vater? Den Bergsteiger?« Josh starrte sie ungläubig an.

Julie setzte sich neben ihn auf den nackten Fels und nahm die Stirnlampe ab. In wenigen Sätzen erzählte sie ihm von dem Skelett, dem Kugelloch in der Schläfe und dem schwarzen Tagebuch. Sie zog es aus ihrer Anoraktasche.

»Ein Tagebuch? Wow!« Seine Schmerzen waren wie weggewischt.

Sie öffnete das Notizbuch und richtete die Stirnlampe darauf. Im trüben Schein überflog sie die Eintragungen und las die wichtigsten Stellen laut vor.

»12. Mai: Biwakieren vor der Wickersham Wall. Eine gigantische Wand, viel mächtiger und gefährlicher als die Eiger-Nordwand, die ich nur von Bildern und aus Erzählungen kenne. Beinahe unheimlich. Ich muss zugeben, ich habe Angst vor der Wand. So etwas Steiles habe ich noch nie gesehen. Auch Nick ist sehr nervös, obwohl er sich krampfhaft bemüht, es nicht zu zeigen.«

»13. Mai: Mit Gottes Hilfe haben wir es geschafft! Die Wickersham Wall liegt hinter uns. Der Aufstieg war so gefährlich, wie wir vermutet hatten, die Lawinengefahr war groß. Leider haben wir unser Funkgerät verloren und keine Verbindung zum Basislager mehr. Nick ist schlechter Laune und immer noch wütend, weil ich mich in der Wand etwas klüger angestellt habe. Was soll's? Ich hab ihm versprochen, es nicht weiterzusagen. Er ist zu ungeduldig, will so schnell wie möglich den Gipfel erreichen. Das Wetter ist einmalig.«

»14. Mai: Haben den Gipfel des Mount McKinley bestiegen! Ein unvergessliches Erlebnis! Allein die Aussicht auf die umliegenden Berge der Alaska Range war den Aufstieg wert. Das Glücksgefühl wird sich wohl erst nach dem Abstieg einstellen. Wir haben uns gegenseitig fotografiert, und Nick hat seinen Namen in den Schnee geschrieben. Lange wird er dort nicht bleiben. Der Wind ist zu heftig hier oben. Jetzt beginnen wir den Abstieg.«

»15. Mai: Wir sind bereits auf dem Rückweg. Nick ist wie verwandelt, kann anscheinend nicht vertragen, dass ich ebenfalls auf dem Gipfel war. Hätte nie gedacht, dass er so eifersüchtig ist. Dabei waren wir doch immer gute Freunde.

Habe ich mich so in ihm getäuscht? Was ist bloß mit ihm los?«

»16. Mai: Ich mache mir langsam Sorgen. Nick hat eine andere Route für den Abstieg gewählt, die uns am Basislager vorbeiführen wird. Mir bleibt nichts anderes übrig, als ihm zu folgen. Er ist ein anderer Mensch, sehr nervös und gereizt. Ich versuche, ihm keine Angriffsfläche zu bieten. In der Wand hatte ich sogar Angst, er würde mich abstürzen lassen. Vielleicht hat mich die dünne Luft auf dem Gipfel durcheinandergebracht. Ich habe Angst.«

Julie klappte das Tagebuch zu und blickte Josh nachdenklich an. »Er hat seinen Tod geahnt. Er wusste, dass Nick Harmon es auf ihn abgesehen hatte.«

»Sein bester Freund und langjähriger Partner?«

»Wer denn sonst? Dieser Harmon konnte nicht ertragen, dass er seinen Ruhm mit Billy Jacobsen teilen musste. Aber für einen Solo-Aufstieg war er auch zu feige, obwohl das schon ein Bergsteiger vor ihm geschafft hatte. Er war nicht so gut wie Jacobsen und nahm ihn nur mit, weil er den Gipfel sonst nie erreicht hätte. Sein freundliches Getue während des Aufstiegs war nur gespielt. Einfach widerlich, der Kerl!«

Jetzt glaubte auch Josh daran. »Und Scott Jacobsen hat herausgefunden, dass am Tod seines Vaters irgendetwas faul war, und sucht jetzt seine Leiche ... wenn er nicht schon längst erfroren ist. Dieser Idiot! Er muss doch wissen, dass er allein nicht weit kommt. Stell dir vor, der klettert auf den Gletscher ... dort kommt er doch keine zwei Schritte weit! Der ist verrückt!«

»Wir müssen der Polizei Bescheid geben«, sagte Julie. Sie

steckte das Notizheft weg. »Harmon lebt noch! Sie müssen ihn wegen Mordes verhaften.«

»Und was ist …« Josh war viel zu aufgeregt, um seine Schmerzen zu spüren. »Was ist, wenn Harmon weiß, dass Jacobsen misstrauisch geworden ist und nach der Leiche seines Vaters sucht? Wenn er ihm schon auf den Fersen ist?«

»Du meinst …«

»Der Mann auf dem Snowmobil. Könnte doch sein.«

»Du hast recht«, sagte Julie. »Warum sollte ein Mann sonst wie ein Verrückter in dieser Gegend herumfahren? Er ist kein Wilderer … hier gibt es doch kaum Wild. Wenn er einen Elch schießen wollte, würde er sich weiter unten in den Wäldern und Tälern herumtreiben. Das kann nur Harmon sein.«

»Und der hat bestimmt keine Skrupel, Jacobsen zu erschießen.«

»Genau, er hat Jacobsens Vater kaltblütig umgebracht und wird sicher nicht vor einem weiteren Mord zurückschrecken, um seine Haut zu retten.«

Als hätte der geheimnisvolle Fremde sie belauscht, trieb ausgerechnet in diesem Augenblick der Wind das Brummen eines Snowmobils heran. Wie ein bedrohliches Echo wehte es über den verschneiten Hang in die Höhle hinein.

Sie blickten einander ängstlich an.

»Nick Harmon!«, flüsterte Julie besorgt.

12

Julie lief zum Höhleneingang und spähte ins Tal hinab. Das Schneetreiben war noch heftiger geworden und hing wie ein dichter Vorhang vor den Felsen. Nur als Schatten erkannte sie das Snowmobil. Der Fremde fuhr langsam über den steilen Hang und bremste unterhalb ihrer Höhle. Sie konnte sein Gesicht nicht erkennen, ahnte aber, dass er misstrauisch zur Felswand hinaufblickte.

Sie ging rasch in Deckung und rückte so weit hinter die Höhlenwand zurück, dass er sie nicht sehen konnte. Zum Glück waren ihre Spuren längst unter dem Neuschnee begraben. Aber wenn es sich tatsächlich um Nick Harmon handelte, wusste er natürlich, in welcher Höhle er Bill Jacobsen zurückgelassen hatte, und ihn trieb entweder die Neugier hinauf, oder er hatte Angst, dass Scott Jacobsen sich dort versteckt hielt. Er schien unschlüssig zu sein, blieb minutenlang auf seinem Snowmobil sitzen und starrte zu ihrer Höhle hinauf.

»Was ist? Kommt er hoch?«, fragte Josh nervös.

»Er überlegt noch«, antwortete Julie ebenso unruhig. Sie presste sich dicht an die Felswand und nahm den Blick nicht von dem Schatten. »Was machen wir bloß? Selbst wenn ich die Zentrale rufen könnte ... bei dem Wetter fliegt kein Hubschrauber.« Sie drehte sich zu Josh um. »Wenn das Harmon ist, lässt er uns sicher nicht am Leben. Zeugen kann er auf keinen Fall gebrauchen.«

Josh hielt den Revolver hoch. »Zur Not habe ich den hier.«

Der Anblick der gefährlichen Waffe in Joshs Hand beruhigte sie nicht, im Gegenteil, sie wurde noch nervöser und betete im Stillen, der Mann auf dem Snowmobil möge so schnell wie möglich weiterfahren. Ihr Gebet wurde erhört. Nach weiteren quälenden Sekunden, die ewig zu dauern schienen, heulte der Motor endlich auf, und der Schatten entfernte sich langsam nach Süden.

Julie wartete, bis sich der Druck von ihrer Brust löste, und sie wieder einigermaßen atmen konnte. »Wir müssen hier weg«, sagte sie, »so schnell wie möglich! So lange, bis der Hubschrauber kommt, können wir nicht mehr warten. Wenn Harmon noch mal umkehrt, klettert er bestimmt zur Höhle rauf.«

»Und wie soll ich das anstellen?« Josh hatte den Revolver wieder in seine Tasche gesteckt. »Ich komm doch keinen Schritt weit mit meiner Verstauchung!« Er blickte wütend auf seinen Fuß. »Du musst allein gehen und dich in Sicherheit bringen! Ich komm schon klar.«

»Und was ist, wenn Harmon dich findet? Nein, du kommst mit!«

»Ich hab den Revolver.«

»Willst du ihn erschießen?«

Er schien selbst unschlüssig zu sein. »Ich brauche doch einen halben Tag, um den Hang hinunterzukommen. Wenn überhaupt. Bis zu der Blockhütte schaffe ich es niemals. Nein, lass mich hier. Ich verstecke mich im Gang.«

»Da findet er dich auf jeden Fall! Oder meinst du, er sieht nicht nach, was von Bill Jacobsen übrig geblieben ist? Komm endlich! Wenn wir noch länger quatschen, erwischt Harmon uns beide.« Sie ging zu ihm und streckte die Arme nach ihm aus. »Mach schon! Beiß die Zähne zusammen, dann geht's!«

Sie zog ihn vom Boden hoch und hielt ihn so lange fest, bis er das Gleichgewicht halten konnte. Es tat gut, seinen Atem in ihrem Nacken zu spüren, auch wenn der Anlass nicht der beste war. Während er seine Mütze und die Handschuhe aus den Anoraktaschen zog, band sie seinen linken Stiefel zu und half ihm, die Schneeschuhe anzulegen. Es gelang ihm nur unter größten Mühen und mit schmerzverzerrtem Gesicht, seinen verletzten Fuß zu belasten, als er seinen rechten Stiefel in den Schneeschuh schob. Julie hielt ihn fest, bis der Schmerz nachließ und er einigermaßen stehen konnte. »Okay?«

»Alles bestens«, antwortete er. Seine Miene verhieß etwas anderes.

»Auf dem Hang wird es etwas wehtun, Josh. Scheißweh wahrscheinlich. Aber am Flussufer gibt's ein paar Bäume, da finden wir bestimmt zwei Äste, die du als Krücken benutzen kannst. Du weißt doch … ein Indianer kennt keinen Schmerz. Und alles ist besser, als Nick Harmon in die Hände zu fallen.«

»Wenn er es ist.«

»Darauf kannst du wetten.«

Sie ließ ihn an die Höhlenwand gelehnt stehen, zog ihre Mütze und die Handschuhe an und stieg in ihre Schneeschuhe. Die Stirnlampe verstaute sie in ihrer Anoraktasche. »Die würde er nur als Zielscheibe benutzen«, erklärte sie. »Bis zum Fluss kommen wir auch ohne Lampe. Bereit für den Abstieg?«

»Nicht wirklich, aber was bleibt mir anderes übrig?«

Sie legte ihren rechten Arm um seine Hüften und blickte ihn prüfend an. Er wirkte noch blasser als vor ein paar Minuten und litt wohl jetzt schon unter großen Schmerzen, obwohl er zwei Aspirin genommen hatte. »Leg deinen linken Arm um meine Schultern und hüpf auf einem Bein, wenn's gar nicht anders geht. Keine Angst, hier sieht dich niemand und ich sag's nicht weiter.«

Sie kämpften sich bis zum Ausgang vor und traten in das Schneetreiben hinaus. Der Sturm, der gegen Mittag hätte nachlassen sollen, war stärker geworden, und die Flocken schlugen ihnen mit voller Wucht entgegen. Der eisige Wind raubte ihnen fast den Atem. Nur das trübe Zwielicht, das am Horizont durch das Schneegestöber drang, erinnerte sie daran, dass es Mittag war.

Sie blieben stehen und zogen sich die Schutzbrillen vor die Augen, zögerten ein wenig, bis sie den Mut fanden, den Hang zu betreten, und liefen in das Schneetreiben hinein. Schon beim ersten Schritt schrie Josh vor Schmerzen auf, auch beim zweiten und dritten, dann hatte er sich einigermaßen an die Anstrengung gewöhnt und verzog nur noch das Gesicht. Jeder Schritt bedeutete eine unsägliche Qual für ihn, das spürte auch Julie, die sein ganzes Gewicht auf ihren Schultern spürte und bei jedem Schritt in die Knie zu gehen drohte. Nur ihrem eisernen Willen hatte sie es zu verdanken, dass sie nicht stürzten.

Die Lippen fest aufeinandergepresst und alle Muskeln gespannt, setzte Julie einen Fuß vor den anderen. Es kostete sie unsägliche Mühe, Josh über den verschneiten Hang zu helfen. Wie eine tonnenschwere Last hing er auf ihren Schultern, und mit jedem Schritt wurde er schwerer und schwerer. »Weiter, Josh! Nicht schlapp machen!«, feuerte sie ihn an und meinte eigentlich sich selbst. »Den blöden Hang schaffen wir doch mit links! Mach schon, Josh!«

In weiten Serpentinen arbeiteten sie sich den Hang hinunter, ständig gegen den heftigen Wind ankämpfend. Er wurde immer stürmischer, hatte Julie das Gefühl, als wollte er sich über den Wetterbericht lustig machen, den auch Carol von der Zentrale gehört hatte. Um die Mittagszeit würde der Sturm nachlassen, so ein Blödsinn, der Wind nahm immer mehr zu, und der Flockenwirbel wurde immer dichter. Sie konnten von Glück sagen, dass sie die Schutzbrillen mitgenommen hatten, sonst hätten sie sich gar nicht mehr orientieren können. Ihr Ziel, der Fluss, war kaum noch in der Ferne zu erkennen.

Gleich bei der ersten Wende stürzten sie. Sie fielen der Länge nach in den Tiefschnee und blieben prustend liegen, hatten noch Glück, dass Josh nicht mit dem verletzten Fuß aufkam. Mühsam kam Julie wieder auf die Beine. Sie klopfte den Schnee von ihrer Kleidung und zog Josh aus dem Schnee, stürzte durch den Schwung beinahe erneut und schaffte es nur mühsam, ihr Gleichgewicht zu halten. Sie rang erschöpft nach Atem. Wie sollten sie es zur Blockhütte schaffen, wenn sie schon nach ein paar Schritten zusammenbrachen?

Nur mit Mühe kämpften sie sich aus dem Tiefschnee heraus. Josh stöhnte bei jedem Schritt vor Schmerz auf, beruhigte sich erst, als Julie ihn wieder stützen und er seinen verletzten Fuß entlasten konnte. Im Schneckentempo bewegten sie sich den Hang hinab. Sie waren beide nervös, lauschten immer wieder, glaubten mehrere Male, das Motorengeräusch zu hören, obwohl kein Snowmobil in der Nähe war. Der Wind fiel ihnen mal in den Rücken und schlug ihnen nach der nächsten Biegung wieder entgegen, wirbelte die Flocken durcheinander, sodass sie kaum noch etwas sehen konnten.

Das wenige Tageslicht, das sich durch den Schneesturm kämpfte, verblasste bereits, als sie endlich das Flussufer erreichten. Josh sank erschöpft auf einen Felsbrocken und ließ die Schutzbrille auf den Augen, wohl auch, um seine Tränen zu verbergen. Julie nahm ihre Brille ab und atmete tief durch. Obwohl Josh seinen Arm längst heruntergenommen hatte, spürte sie noch immer sein Gewicht und fühlte sich erst wohler, nachdem sie ihre Schultern gründlich massiert hatte. »Den Rest schaffen wir auch noch«, sagte sie, »ein Kinderspiel.«

Sie ging zu den Bäumen, die weiter südlich am Flussufer aus dem Schnee ragten, und suchte nach zwei Ästen, die sich als Krücken eigneten. Erst nach langer Suche wurde sie fündig, zwei knorrige Äste, auf die man sich einigermaßen stützen konnte. Der böige Wind hatte sie angebrochen, dennoch musste Julie mit beiden Händen kräftig nachhelfen, um sie loszubekommen. »Die müssten gehen«, sagte sie. »bis zur Hütte kommst du damit auf jeden Fall.«

Josh griff nach den Ästen und wollte sich gerade von dem Felsbrocken hochstemmen, als erneut Motorengeräusch erklang. Diesmal täuschten sie sich nicht. Der Mann auf dem

Snowmobil kehrte zurück! Auf den Hügeln vor der Felswand bewegte sich ein dunkler Schatten durch das Schneetreiben.

Julie reagierte augenblicklich, zerrte Josh von dem Felsbrocken hoch und führte ihn über die Uferböschung auf das Flusseis. Er unterdrückte nur mühsam einen Schmerzensschrei, riss sich die Schutzbrille vom Gesicht, um besser atmen zu können, und rang verzweifelt nach Luft. Mit aller Macht kämpfte er gegen den stechenden Schmerz in seinem Fuß an. Sie hielt ihn fest und half ihm, den linken Fuß zu entlasten. »Halt durch, Josh!«, raunte sie ihm zu.

Sie duckten sich hinter die Böschung und beobachteten den Schatten, der bereits den steilen Hang erreicht hatte und ihren Spuren zu der großen Höhle folgte. In weiten Serpentinen fuhr er zur Felswand hinauf. Ihr Todesurteil, falls sie in der Höhle geblieben wären, und auch jetzt noch gefährlich, weil ihre Spuren selbst im wirbelnden Schnee noch zu erkennen waren.

»Der braucht nicht lange, um herauszufinden, dass wir in der Höhle waren«, sagte Josh. Er war wieder einigermaßen bei Kräften, auch weil Julie ihn die ganze Zeit stützte. »Wenn es tatsächlich Harmon ist, sind wir geliefert!«

Julie blieb optimistisch. »Auf dem Fluss hinterlassen wir keine Spuren, und an den Ufern gibt es genug Felsen und Eisbrocken, hinter denen wir uns verstecken können. Nicht aufgeben! Das Schlimmste haben wir hinter uns.«

»Was ist mit dem Funkgerät?«

Sie zog es unter ihrem Anorak hervor und rief alle, die sie hören konnten. »Hört mich denn niemand?«, rief sie mit gedämpfter Stimme. »Hier Julie Wilson.« Sie gab ihre genaue Position durch. »Sind in Gefahr. Bewaffneter Verdächtiger. Erbitten dringend Unterstützung! Bitte bestätigen … over.«

Wieder antwortete ihr nur das vertraute Rauschen und Knacken, das sich wiederholte, als Julie noch einmal um Hilfe rief. »Hier gibt es zu viele Funklöcher«, sagte sie, »das hat mir Carol schon gesagt. Du brauchst eine Menge Glück, um jemanden zu erreichen. Und vermutlich verschlechtert der Sturm den Empfang noch zusätzlich.«

Josh kam nicht dazu, ihr zu antworten. Vom Hang vor der Felswand drang das Wimmern eines aufheulenden Motors herüber, und sie beobachteten mit großer Genugtuung, wie das Snowmobil, das für einen Augenblick deutlich zu sehen war, zur Seite kippte und sich im Tiefschnee überschlug. Der Motor heulte noch einmal auf und erstarb. Der Fahrer stürzte und überschlug sich ebenfalls, blieb einige Schritte neben seiner Maschine benommen im Schnee liegen. Er machte nicht den Eindruck, als würde er gleich wieder aufstehen.

»Genau die Zeit, die wir brauchen«, freute sich Julie. »Bis der wieder bei Sinnen ist, sind wir längst über alle Berge!« Sie legte ihren Arm um Joshs Hüfte. »Dein Arm, Josh! Worauf wartest du? Oder willst du ihm helfen?«

»Harmon? Ich bin doch nicht lebensmüde.«

Auf dem Fluss kamen sie besser voran. Der Schnee, der sich auf dem Eis gesammelt hatte, lag lange nicht so hoch wie auf dem verschneiten Hang, und solange sie im Schutz des Ufers bleiben konnten, war auch der Wind nicht so schlimm. Dennoch kamen sie nur langsam vorwärts. Die Krücken halfen nicht besonders und waren so hinderlich, dass Josh sie schon nach wenigen Schritten in den Schnee warf. Es war einfacher für ihn, sich auf Julie zu stützen, die allerdings immer mehr Kraft verlor und nicht mehr lange durchhalten würde. Immer öfter blieb sie stehen und löste sich von ihm, nutzte die kurze Pause, um ihre Schultern zu strecken und den Schmerz aus ihren Muskeln zu vertreiben. Sie war keines dieser Modepüppchen, das schon zu ächzen begann, wenn es eine Einkaufstüte tragen musste, aber auch keine durchtrainierte Kraftsportlerin, der es leichtfiel, das Gewicht eines Mannes zu schultern.

»Tut mir leid«, sagte er, »aber ich kann nicht anders.«

»Du brauchst dich nicht zu entschuldigen, Josh.«

»Wie zwei Krieger, die aus der Schlacht zurückkehren.« Josh lächelte zum ersten Mal, seitdem sie ihr Versteck verlassen hatten. »Vielleicht geben sie uns einen Orden, falls es der Polizei gelingt, Nick Harmon festzunehmen.«

»Mir wäre lieber, wir hätten Scott gefunden«, erwiderte Julie. »Der braucht unsere Hilfe dringender als sein toter Vater. Ich möchte nur wissen, wo er sich verkrochen hat und warum er nicht zu den Höhlen hochgestiegen ist. Glaubt er wirklich, die Leiche seines Vaters auf dem Gletscher zu finden?«

»Er ahnt wahrscheinlich nicht, dass ihn Harmon erst hier unten umgebracht hat. Und von den Gefahren, die auf dem Gletscher warten, hat er auch keine Ahnung. Ich hoffe nur, er hat einen Unterschlupf gefunden, sonst ...«

Julie ahnte, auch ohne dass Josh den Satz weiterführte, was dann passiert wäre. Scott Jacobsen wäre vor Erschöpfung zusammengebrochen und erfroren! Nichts war anstrengender und gefährlicher, als sich ohne die nötige Ausrüstung in die Ausläufer des Mount McKinley zu wagen. Nirgendwo war der Wind heftiger und kälter, lauerten mehr Gefahren als auf der Nordseite des Berges. Ein unerfahrener Städter wie Scott konnte dort nicht überlebt haben.

Der Gedanke beschäftigte sie zum wiederholten Male, und auch jetzt kroch ihr wieder ein eisiger Schauer über den Rücken. »Scott Jacobsen ist kein Dummkopf«, hoffte sie. »Er hat bestimmt irgendwo ein Versteck gefunden. Hauptsache, er hält so lange durch, bis ihn der Hubschrauber aufspürt.«

»Oder Nick Harmon«, gab Josh zu bedenken.

Weit vor ihnen hoben sich zwei dunkle Schatten gegen das Schneetreiben ab. Kein Motorengeräusch, zwei lautlose Schatten, die schnell näher kamen.

»Wer kann das sein?«, fragte Josh nervös.

Julie war stehen geblieben und spähte angestrengt in den Flockenwirbel. Ihre Stirnlampe war noch immer ausgeschaltet, und sie war zu misstrauisch, um sich jetzt schon zu erkennen zu geben. Aus den Augenwinkeln beobachtete sie, wie Josh eine Hand in die Tasche mit dem Revolver steckte. Auch die Schatten, die sich ihnen näherten, blieben vage und dunkel. Keine Lampen.

Um sich eine Deckung zu suchen, war es zu spät. Man hatte sie längst gesehen, und wenn man ihnen Böses wollte, würde ihnen auch ein Versteck nichts nützen. Ihnen blieb nichts anderes übrig, als zu warten und zu hoffen.

»Julie! Josh! Seid ihr das?«, tönte es aus der Dunkelheit.

»Mike! Das ist Mike!«, rief Julie erleichtert und schaltete ihre Stirnlampe ein. »Mike und Ruth!« Sie ließ Josh stehen und ging auf die beiden zu, schloss sie in die Arme. »Dann haben Sie meinen Funkspruch gehört!«

Mike schob seine Skibrille auf die Stirn. »Nur ein paar Wortfetzen ... dass sich Josh den Fuß verstaucht hat und Hilfe braucht.« Er blickte Josh an. »Sie sehen ziemlich fertig aus. Ich hab mir auch mal den Fuß beim Training verstaucht ... das tut höllisch weh ... manchmal mehr als ein Bruch.« Er grinste, obwohl es nichts zu grinsen gab. »Haben Sie ihn huckepack getragen, Julie?«

»So ähnlich«, erwiderte Julie. »Ich bin jedenfalls heilfroh, dass Sie gekommen sind. Nick Harmon ist in der Nähe, Mike!« Sie berichtete in wenigen Worten, was sie herausgefunden hatten, und dass der mutmaßliche Mörder von Bill Jacobsen nicht weit sein konnte. »Wenn er nicht gestürzt wäre, hätte er uns wahrscheinlich schon entdeckt. Scott ist spurlos verschwunden. Keine Ahnung, wo er sich rumtreibt.«

»Dann lasst uns keine Zeit verlieren.« Mike und Ruth nahmen Josh in die Mitte, ließen ihn sich mit beiden Armen aufstützen und führten ihn übers Eis, kamen wesentlich schneller mit ihm voran als Julie. »In der Blockhütte können Sie ausruhen«, sagte Ruth zu ihm. »Wir haben heißen Tee und was Warmes zu essen, und irgendwann wird sich wohl auch das Wetter bessern. Laut dem Wetterbericht hätte das Schneetreiben schon heute Mittag aufhören sollen, aber hier am Denali läuft nichts nach Plan, sagt Carol. Geht's noch, Josh?«

»Danke ... vielen Dank«, erwiderte er. »Ich bin ausgerutscht ...«

»Sie brauchen sich nicht zu entschuldigen, Josh.« Sie lächelte ihm aufmunternd zu. »Und solange Sie so eine starke und mutige Freundin haben, kann sowieso nicht viel passieren. Auf so eine Rangerin kann sich Denali freuen.«

Julie errötete, wegen des unerwarteten Lobes, aber auch, weil Ruth sie seine »starke Freundin« genannt hatte. Dabei kannten sie sich erst seit ein paar Tagen. Sie rettete sich in einen Allgemeinplatz. »Wir müssen uns beeilen!«

Josh vermied es, sie anzusehen, und als sich ihre Blicke nach einiger Zeit zufällig kreuzten, lächelte er verlegen. Hinter der Schutzbrille, die er wieder über die Augen gezogen hatte, war das nicht deutlich zu erkennen. Sie selbst war ebenfalls froh, wieder ihre Schutzbrille übergezogen zu haben, und schob ihren Schal bis über die Nase, bis kaum noch Haut zu sehen war. Verflucht, beschimpfte sie sich in Gedanken, ich sollte nicht an ihn, sondern an Nick Harmon und Scott Jacobsen denken. Da draußen braut sich was zusammen, und wenn sich das Wetter nicht bald bessert und die Hubschrauber aufsteigen konnten, würde es vielleicht zur Katastrophe kommen. Nick Harmon hatte schon einmal gemordet und würde sicherlich nicht zögern, auch Scott umzubringen.

Und das alles auf meinem ersten Ausflug, dachte sie niedergeschlagen.

13

Der Wind blies noch stärker über die verschneiten Hügel, als sie die Blockhütte erreichten und nach dem Abschnallen der Schneeschuhe den warmen Raum betraten. Vor allem Josh war die Erleichterung, sich endlich ausruhen zu können, deutlich anzusehen. Von Mike und Ruth gestützt, zog er Anorak, Mütze und Handschuhe aus und sank auf eine Matratze. Mike zog ihm die Hose aus und deckte ihn zu. »Sie sind ein schwerer Brocken«, scherzte Mike.

Julie kniete noch im Anorak neben dem Krankenlager der Rangerin nieder und brauchte sie gar nicht zu fragen, um zu erkennen, dass ihre Magenschmerzen noch schlimmer geworden waren. Ihre Augen waren gerötet, wahrscheinlich vom heimlichen Weinen, ihre Haut blass und eingefallen. Sie musste große Schmerzen haben. »Ich glaube, ich habe ein Magengeschwür«, gestand sie. »Die Schmerzen kommen und gehen, und heute Nacht waren sie manchmal unerträglich. Ich hab Tabletten genommen, aber wenn der Hubschrauber nicht bald kommt …« Sie ließ den Satz unvollendet und blickte auf Gary und Chris, die am Tisch saßen und nervös aus dem Fenster blickten. »Aber häng es nicht an die große Glocke. Gary und Chris sind jetzt schon nervös genug. Was ist passiert? Dass Josh sich den Fuß verstaucht hat, sehe ich, aber was ist mit Scott? Ich hab nur ein paar Wortfetzen mitbekommen.«

Julie erstattete Bericht. In knappen Sätzen schilderte sie ihren grausamen Fund in der Höhle und reichte ihr das Tagebuch, das sie bei Bill Jacobsens Leiche entdeckt hatte.

»Ein Mann auf einem Snowmobil tauchte ein paar Mal in dem Tal auf und hätte uns beinahe entdeckt. Wir nehmen an, dass es Nick Harmon ist. Er muss herausgefunden haben, dass Scott misstrauisch geworden ist und nach der Leiche seines Vaters sucht, und will ihn wohl ebenfalls aus dem Weg räumen. Er hat ein Gewehr dabei. Wir haben gesehen, wie er unseren Spuren zur Höhle gefolgt ist. Er glaubt wahrscheinlich, dass Scott die Leiche gefunden hat, und wird alles daran setzen, ihn aufzuspüren.«

Carol hatte sich auf einen Ellbogen gestützt. Während sie überlegte, zog Julie ihren Anorak und die Mütze aus, legte beides auf eine freie Matratze und ließ ihre Handschuhe an dem Lederriemen um ihren Hals hängen. Sie wechselte einen schnellen Blick mit Josh, der zwei Matratzen weiter lag, und fand Zeit für ein Lächeln. Ruth war damit beschäftigt, ihm die Stiefel auszuziehen, den Fuß auf eine gerollte Decke zu legen und einen kalten Umschlag über den stark angeschwollenen Knöchel zu breiten. Mike unterstützte sie.

»Ich habe die Zentrale angefunkt«, sagte Carol. »Hier ist die Verbindung auch nicht viel besser als bei den Höhlen, und von deinem Funkspruch hab ich höchstens die Hälfte mitbekommen, aber ich hatte zumindest kapiert, dass sich dort oben ein bewaffneter Unbekannter herumtreibt, also habe ich die Zentrale informiert. Sobald das Wetter besser geworden ist, kommen sie mit zwei Hubschraubern. Das Search & Rescue Team mit Greg Erhart und seinen Leuten, und ein weiterer Hubschrauber, der uns zu den Headquarters bringt. Der kann später bei der Suche nach Scott Jacobsen und Nick Harmon helfen. Wie schnell das alles geht, hängt wieder mal vom Wetter ab, und das wechselt in dieser Gegend alle paar Minuten mal. Vielleicht schicken sie auch zwei Ranger mit Hundeschlitten.«

»Aber das kann ewig dauern.« Julie war ehrlich besorgt. »Bis dahin ist Scott vielleicht schon erfroren … oder Harmon hat ihn gefunden und erschossen. Wenn wir nur wüssten, wo Scott ist. In den Höhlen war er nicht, sonst hätten wir ihn doch gesehen, und hinter der Felswand beginnt der Gletscher.«

»Auf dem Gletscher hätte er keine Chance«, sagte Carol, »und ich hoffe sehr, dass ihn der Anblick der Eisfelder zur Vernunft bringt. Nur ein kompletter Narr wagt sich ohne die entsprechende Ausrüstung auf den Gletscher, und selbst dann ist nicht gesagt, ob er ohne Blessuren wieder herauskommt. Letztes Jahr sind dort zwei erfahrene Bergsteiger gescheitert. Sie hatten sich nicht vorschriftsmäßig angeseilt und wären wohl in einer Gletscherspalte auf elende Weise gestorben, wenn der Hubschrauberpilot sie nicht entdeckt hätte.«

»Aber wo soll er denn sonst sein?« Julie blickte wieder auf Josh, der gerade das Gesicht verzog, als das kalte Tuch seine Haut berührte, war mit ihren Gedanken aber bei Scott und lächelte nicht. »Meinst du, er ist umgekehrt?«

Carol schüttelte den Kopf. »Wenn jemand, der noch nie in der Wildnis war, aus Chicago kommt und die Mühen einer anstrengenden Wanderung auf sich nimmt, dreht er nicht um. Scott ist besessen von der Idee, die Leiche seines Vaters zu finden, und wie man sieht, kam er ihr auch ziemlich nahe.«

»Seinen Überresten«, verbesserte Julie.

Plötzlicher Schmerz ließ die Rangerin auf die Matratze zurücksinken. Sie verzog das Gesicht und drehte sich zur Seite, zog die Beine an, in der Hoffnung, auf diese Weise den Schmerz lindern zu können. Das Gegenteil war anscheinend der Fall. Wie bei einer starken Kolik verkrampfte sich ihr Magen, und sie wurde so blass im Gesicht, dass sich Julie ernsthafte Sorgen machte.

»Carol!«, flüsterte sie ängstlich.

Die Rangerin krallte ihre rechte Hand in die Matratze und ballte die andere zur Faust. Julie wusste nicht, was sie tun sollte, drehte sich gerade nach Ruth um und wollte sie um Hilfe bitten, als sich Carol vorsichtig entspannte, einige Sekunden ruhig liegen blieb, weil sie ihrem eigenen Körper misstraute, und sich dann zu einem Lächeln aufraffte. »Es geht schon wieder«, flüsterte sie, »das war nur ein kurzer Anfall. Sobald mich der Hubschrauber ins Tal gebracht hat, hängt mich der Arzt an einen Tropf, und ich bin wieder okay.«

»Du musst ins Krankenhaus«, wusste Julie es besser. »Du hast bestimmt ein Magengeschwür. Vielleicht musst du sogar operiert werden. Sobald wir unten sind, rufe ich meinen Vater an.« Sie blickte die Rangerin ernst an. »Geht es noch einigermaßen? Du hast doch kein Blut im Stuhl, oder?« Von ihrem Vater wusste sie, dass dann höchste Eile geboten war. »Wenn es nur mal zu schneien aufhörte! Wenn die Hubschrauber nicht bald kommen …«

Dann hätten sie einen ganzen Haufen Probleme, ergänzte sie in Gedanken. Mit jeder Minute, die der Hubschrauber nicht starten konnte, wuchs die Gefahr, dass sich Carols Gesundheit verschlechterte und sie in Lebensgefahr geriet. Stieg die Wahrscheinlichkeit, dass Scott Jacobsen nicht überlebte. Ein Mörder, der verhindern wollte, dass ihm jemand auf die Schliche kam, war sicherlich zu allem fähig.

Julie brachte der Rangerin einen heißen Tee und vergewisserte sich, dass sie die Kolik überwunden hatte, bevor sie zu Josh ging, und sie einander mit ihren Teebechern zuprosteten. Der heiße Tee fühlte sich angenehm in ihrem Magen an. »Und ich dachte, ich hätte einen Traumjob«, sagte sie. »So kann man sich täuschen.« Sie lächelte. »Wie geht's deinem Fuß? Schon besser?«

»Viel besser«, antwortete er. Sein Lächeln wirkte eher gequält. »Aber das Iditarod kann ich wohl abschreiben. In zwei Monaten geht's los, und bis der Knöchel wieder ganz okay ist, kann es dauern. Ruth kennt sich aus.«

»Dann gehst du eben gleich auf die Law Enforcement Academy. Du siehst ja, was für Schurken rumlaufen. Wir brauchen gute Trooper.«

»Ich wollte gewinnen!« Er war beinahe beleidigt.

Julie schonte ihn nicht. »Das gewinnt sowieso eine Frau. Du weißt doch, was sie in Alaska sagen: Wo Männer noch Männer sind, und Frauen das Iditarod gewinnen.« Sie konnte sich ein leichtes Grinsen nicht verkneifen. »Außerdem sind Champions gar nicht so begehrt. Frauen interessieren sich eher für Underdogs. Aufrichtige Männer, vom Schicksal gebeutelt und doch niemals unterzukriegen. Heimliche

Helden. So wie der junge Mann, der mit einem verstauchten Knöchel quer durch die Wildnis humpelt und dabei nicht eine Träne vergießt. Das sind die wahren Helden ... für die schwärmen wir.«

»Ehrlich?« Jetzt konnte auch er wieder grinsen. »Du auch?«

»Und ob.« Sie küsste ihn wieder auf den Mund, immer noch sanft, aber länger als beim ersten Mal, und griff nach seinen Händen und drückte sie. »Aber nur, wenn wir nicht im Dienst sind, und zurzeit bin ich im Dienst.«

Der Nachmittag verging quälend langsam. Der Wind heulte unablässig um die Hütte, war manchmal so stark, dass die Tür zu poltern begann, und trieb den Schnee in dichten Wolken am Fenster vorbei. Tiefe Dunkelheit lag über den Hügeln. In der Hütte brannten nur zwei Lampen, im Licht der einen las Carol, die sich einigermaßen von ihrem Anfall erholt hatte, im Tagebuch von Bill Jacobsen. Die andere stand auf dem Tisch und beleuchtete die Gesichter von Gary und Chris, die mit jeder Minute nervöser und ungeduldiger wurden. Ruth stand vor dem bullernden Ofen und wärmte Eintopf auf, den sie in einer Plastikbox mitgenommen hatte, während Mike Holz nachlegte und seiner Frau beim Kochen zusah. Sie unterhielten sich leise. Julie stand am Fenster und blickte in den wirbelnden Schnee hinaus. Das Wetter sah nicht so aus, als würde es sich bald ändern. Auch sie wurde langsam nervös und ungeduldig.

»Will uns mal einer erzählen, was eigentlich los ist?«, hielt Gary das Schweigen nach einer Weile nicht mehr aus. »Was ist das für ein Buch? Sind wir in einem Verschwörungsfilm?

Sind die Aliens auf der Erde und haben zuerst Bill Jacobsen und dann seinen Sohn in ihr Raumschiff entführt?«

Carol blätterte in dem Tagebuch und las einige der Sätze vor, die Bill Jacobsen hineingeschrieben hatte. Julie berichtete von dem Skelett, das sie in der Höhle gefunden hatte, und von Nick Harmon. Vor allem, als sie über Scott sprach, blickte sie unentwegt aus dem Fenster, als wollte sie die Dunkelheit durchdringen und dem Vermissten in seinem Versteck beistehen. In Gedanken sah sie ihn zwischen einigen Felsen kauern, nur ungenügend gegen den böigen Wind und die Kälte geschützt. Sie stellte sich vor, wie er ängstlich den Kopf hob, als der Motor des Snowmobils erklang, und Nick Harmon vor ihm auftauchte.

»Und wir sitzen hier rum und warten darauf, dass das verdammte Wetter besser wird?«, entrüstete sich Gary und riss Julie aus ihren Gedanken. Ihm ging die Warterei am meisten auf die Nerven. »Warum gehen wir nicht raus und suchen weiter nach Scott? Weit kann er doch nicht sein. Und wenn uns dieser Harmon in die Quere kommt, nehmen wir ihm die Knarre ab und lassen ihn gefesselt im Schnee liegen.«

»So einfach ist das nicht«, erwiderte Carol. »Als Rangerin kann ich keine Wanderer auf Verbrecherjagd schicken oder nach einem Vermissten suchen lassen. Das ist viel zu gefährlich! Der Wetterbericht sagt, dass das Tiefdruckgebiet bald abzieht, dann kümmert sich Search & Rescue darum. Die sind für so was ausgebildet. Außerdem haben wir keine Ahnung, wo Scott sein kann.«

»Auf dem Gletscher? In den Ausläufern des Mount McKinley?«

»Unwahrscheinlich.«

»Aber irgendwo muss er doch sein«, meldete sich Chris. Er wirkte eher verzweifelt, wollte unbedingt etwas tun, um nicht länger grübeln zu müssen.

Carol legte das Tagebuch beiseite und überspielte einen weiteren, etwas leichteren Anfall, indem sie die Augen schloss und sich so fest auf die Lippe biss, dass sie blutete. Im düsteren Licht bemerkte es nur Julie. »Vielleicht«, begann sie mit brüchiger Stimme und musste noch mal ausholen: »Vielleicht ist er in der neuen Hütte.« Sie wandte sich an Julie. »Bring mir die Karte. Vorne in meinem Backpack.« Die Schmerzen ließen langsam wieder nach.

Julie brachte ihr die Karte und hielt die Lampe hoch, als Carol sie auseinanderfaltete. Die Rangerin studierte sie eine Weile und deutete mit dem Finger auf eine Stelle nordwestlich des Mount McKinley. »Hier ... an der Mündung des schmalen Baches in den Clearwater Creek.« Sie blickte nachdenklich über die Karte hinweg. »Nehmen wir mal an, er ist den Hügeln vor der Felswand und den Höhlen ausgewichen und wollte auf einfacherem Wege auf den Gletscher oder in die Ausläufer des Denali kommen. Dann muss er ...« Sie blickte wieder auf die Karte. »... dann muss er noch vor den Hügeln nach Westen gelaufen sein. Dort sind die Anhöhen wesentlich flacher, und man hat bei schönem Wetter das Gefühl, den Berg mit Händen greifen zu können. Ein Trugschluss, denn gleich hinter den Hügeln ist das Land so zerklüftet, dass man kaum noch vorwärtskommt. Vielleicht hatte er Glück und hat es bis zu unserer neuen Hütte am Bachufer geschafft. Die haben wir erst vor zwei Monaten eingeweiht, und ich hätte sie beinahe vergessen. Der ideale Unterschlupf.«

»Worauf warten wir noch?«, erwiderte Gary. »Sehen wir nach! Wenn er wirklich dort ist und ein Feuer anzündet, braucht Harmon bestimmt nicht lange, um ihn ausfindig zu machen, und dann ist es zu spät.« Er stand auf und griff nach seinem Skianzug. »Bis sie die Hubschrauber schicken, kann es noch Tage dauern. Wollt ihr so lange hier rumsitzen und Däumchen drehen?«

»Langsam«, hielt ihn Carol zurück. »Es gibt noch eine andere Möglichkeit. Er könnte auch nach Osten gezogen sein und sich dort zwischen einigen Felsen versteckt haben. Ist zwar unwahrscheinlich ... ich hatte fest angenommen, er würde sich in einer der Höhlen verstecken ... aber inzwischen traue ich ihm alles zu. Er tut wohl immer das, was man nicht von ihm erwartet.« Sie griff nach dem Funkgerät, das neben ihrer Matratze auf dem Boden lag. Sie schaltete es ein und rief: »Hallo, Zentrale! Bitte melden! Hier Ranger Carol Schneider. Bitte melden!«

Es rauschte und knackte, und einige Wortfetzen drangen aus dem Lautsprecher: »... gewartet ... was ist passiert ... dringend melden ... Schneider ...«

»Wir sind noch in der Hütte«, meldete Carol. Sie nannte die genauen Koordinaten und klärte die Zentrale in wenigen Worten über die neueste Entwicklung auf. »Was sagt der Wetterbericht? Wann kommen die Hubschrauber?«

Die Verbindung war so fehlerhaft wie vor der Höhle. Alles, was sie hörte, waren statisches Rauschen und die Worte »schlecht ... nicht ... sechs Stunden.«

»Wir brauchen euch! Dringend!«, erwiderte Carol.

»Das klingt nicht gut«, sagte Mike ernst. »Wenn ich richtig verstanden habe, können wir frühestens in sechs Stunden mit den Hubschraubern rechnen. Bis dahin könnte Scott entweder tot oder halb erfroren sein. Vielleicht sollten wir doch noch einen Suchtrupp organisieren. Ruth und ich wären bereit ...«

»Und wir schon lange«, rief Gary.

»Sie haben recht«, erwiderte Carol nach einigem Überlegen. »In sechs Stunden kann viel passieren, und wir würden uns vielleicht schuldig machen, wenn wir jetzt nicht nach ihm suchen. Wer weiß, ob das schlechte Wetter nicht noch länger anhält?« Sie verzog das Gesicht und legte eine längere Pause ein. Im trüben Schein der Lampe glitzerten Schweißperlen auf ihrer Stirn.

»Wir werden zwei Suchtrupps losschicken«, fuhr sie fort. »Gary und Chris werden zwischen den Felsen im Osten suchen. Julie sieht mit Mike und Ruth in der Hütte am Bachufer nach. Geben Sie mir Ihre Landkarten, dann zeichne ich die Stellen genau ein. Aber kein unnötiges Risiko bitte! Wenn der Sturm zu stark wird oder Sie Probleme bekommen, drehen Sie sofort um! Lassen Sie sich auf keinen Fall auf einen Kampf mit Nick Harmon ein. Dies ist kein Actionfilm, und Happy Ends sind bei solchen Manövern ziemlich selten. Gehen Sie ihm aus dem Weg! Solange er auf seinem Snowmobil sitzt, hört man ihn auf eine Meile und hat immer Zeit, sich ein Versteck zu suchen. Halten Sie sich an die Routen, die ich auf Ihre Karten zeichne, damit Sie die Hubschrauber sofort finden, falls sie doch früher kommen. Verstanden?«

»Geben Sie uns Ihren Revolver mit«, sagte Gary. »Sie haben doch einen, oder? Falls uns Harmon doch über den Weg läuft. Ich kann mit so einem Ding umgehen, war mit meinem Dad ein paarmal auf dem Schießstand.«

»Keine Waffen!«, entschied Carol. »Ich käme in Teufels Küche, wenn ich Ihnen meinen Revolver geben würde. Dass ich zwei Suchtrupps losschicke, reicht normalerweise schon, um mir das Rangerabzeichen wegzunehmen. Ich tue das nur, weil wir es hier eindeutig mit einem Notfall zu tun haben, und Scott vielleicht stirbt, wenn wir ihn nicht rechtzeitig finden. Beim geringsten Anzeichen von Gefahr kehren Sie bitte um! Kann ich mich darauf verlassen?«

»Meinetwegen«, erwiderte Gary. Besonders glücklich war er nicht.

»Josh und ich halten die Stellung in der Hütte. Zwei Kranke sind wohl genug für einen Tag.« Sie lächelte schwach. »Nehmen Sie Ihre Notausrüstung und etwas Proviant mit, aber nichts, was Sie unterwegs behindern könnte.« Sie blickte Mike und Ruth an. »Und welche Gefahren dort draußen lauern können, wissen Sie sicher selbst. Ich sage es noch einmal: kein unnötiges Risiko. Wenn Sie Scott nicht finden, kehren Sie um!« Sie wandte sich an die Brüder. »Das gilt besonders für Sie beide. Was auf der Snowboardpiste geht, könnte hier draußen mit einer Katastrophe enden ... denken Sie immer daran.«

»Aye, aye, Ma'am!«, machte sich Gary über sie lustig.

»Das ist kein Spiel, Gary! Äußerste Vorsicht!«

Julie sah der Rangerin an, mit welchem Widerwillen sie die Suchtrupps losschickte. Sie hatte das Vorschriftenbuch der Ranger genau gelesen und wusste, welches Risiko Carol einging. Jeder Ranger war verpflichtet, die Sicherheit und das Wohl der Besucher über alles andere zu stellen. Sie der Gefahr auszusetzen, einem gefährlichen Verbrecher zu begegnen, war im höchsten Grade leichtsinnig. Doch was blieb ihr anderes übrig? Wenn sie es nicht tat, setzte sie vielleicht das Leben von Scott Jacobsen aufs Spiel. Solange es noch Hoffnung für ihn gab und die Hubschrauber nicht landen konnten, musste sie die Suchtrupps losschicken. Julie hätte genauso gehandelt. Doch was passierte, wenn tatsächlich etwas schiefging? Würden Carol und vielleicht auch sie dann vor Gericht landen, weil sie die Vorschriften missachtet hatten? Der Gedanke machte ihr schwer zu schaffen, als sie nach ihrem Anorak griff.

»Ich verlasse mich auf Sie«, hörte sie Carols warnende Stimme.

14

Als Bergsteigerin wäre Julie frustriert gewesen. In dem Flockenwirbel, der unvermindert stark über dem zugefrorenen Fluss tobte, waren der Mount McKinley und die umliegenden Berge kaum zu erkennen. Genauso gut hätten sie in der Arktis unterwegs sein können, umgeben von scheinbar endlosem Schnee und Eis und von dem stürmischen Wind getrieben, der seit einigen Stunden schon über das Land pfiff. Ein Gefühl, das sie gleichermaßen ängstigte und begeisterte, spürte man doch gerade bei diesen extremen Bedingungen, wie urwüchsig und dem Menschen überlegen diese Natur sein konnte.

Sie liefen im Gänsemarsch, und nur Mike, der vorneweg lief, hatte seine Stirnlampe eingeschaltet. Falls sich Nick Harmon in der Nähe aufhielt, wollten sie so wenig Aufmerksamkeit wie möglich auf sich lenken. Auch in diesem dichten Schneetreiben war eine solche Lampe weithin zu sehen. Der Lichtschein tanzte nervös über das zugeschneite Flusseis und das Gestrüpp, das unterhalb der Uferböschung aus dem Schnee ragte. Im flackernden Licht fegten weiße Schleier wie wirbelnde Seidenfetzen vorbei. Im Heulen des Windes hörte man nicht mal seine eigenen Schritte, sah man lediglich, wie die Schneeschuhe den Neuschnee aufwirbelten, der wie Pulver auf dem Eis lag. Kaum hatten sie eine Spur hinterlassen, deckte sie der Wind wieder zu.

Kein Wetter, um mit einem Snowmobil durch die Gegend zu fahren, selbst wenn man schon etliche Sechstausender bestiegen hatte wie Nick Harmon. Gut möglich, dass er in der Höhle geblieben war und wartete, bis der Sturm vorüberging. Noch besser wäre, sein Snowmobil hätte bei dem Sturz den Geist aufgegeben, und er versuchte vergeblich, die Maschine zu reparieren. Aber irgendwie glaubte Julie nicht daran. Nick Harmon war ein harter Bursche, der niemals klein beigeben würde. Ein brandgefährlicher Verbrecher, der vor vielen Jahren seinen Partner ermordet hatte und auch vor weiteren Morden nicht zurückschrecken würde. Die Erkenntnis, dass ihm jemand auf die Schliche gekommen war, musste ihn hart getroffen haben, dafür sprach schon sein Auftauchen in dieser Bergwildnis. Und er würde sicher alles tun, um für seinen Mord vor vielen Jahren nicht vor Gericht gestellt zu werden.

Bevor sie den Fluss verließen und über die Hügel nach Osten zogen, legten sie eine kurze Pause ein. Im Schutz der Uferböschung ließen sie eine Thermoskanne mit heißem Tee kreisen und aßen von der Schokolade, die Ruth aus ihrer Anoraktasche zauberte. Sie war so hart gefroren, dass man sie nur noch lutschen konnte, was dem Geschmack aber keinen Abbruch tat. Um ihren Augen etwas Abwechslung zu gönnen, nahmen sie ihre Schutzbrillen ab.

»Sie sind gut in Form«, sagte Julie. Sie mochte die Linakers, weil sie nicht so aufdringlich wie Gary und Chris waren und nicht so auf den Putz hauten. »Als wären Sie hier draußen zu Hause. Sind Sie zum ersten Mal im Park?«

»Zum ersten Mal in Alaska«, antwortete Mike. »Aber in

Sacramento stehen wir auch nicht die ganze Zeit im Laden. Bis zum Lake Tahoe ist es nur ein Katzensprung, und wir sind im Winter fast jedes Wochenende dort. Mit den jungen Hüpfern auf den Pisten können wir nicht mehr mithalten, aber ganz ungeschickt stellen wir uns auch nicht an. So lange sind wir noch nicht vom Profizirkus weg. Unsere Kondition kann sich immer noch sehen lassen.«

»Trainieren Sie noch richtig? So wie früher?«

»Bei der Nationalmannschaft, meinen Sie?« Mike und Ruth lächelten verschmitzt. »Da würden wir keine zehn Minuten durchhalten. Aber von heute auf morgen abschalten darf man als ehemaliger Profisportler auch nicht. Ohne Kniebeugen und ein paar andere Übungen geht bei uns gar nichts. Und wenn wir im Winter nicht einmal pro Woche auf den Skiern stehen, werden wir unausstehlich. Im Sommer fahren wir viel Mountainbike und gehen schwimmen.« Er blickte sie an. »Sie sind aber auch gut in Schuss. Die meisten Frauen wären unter dem Gewicht von Josh zusammengebrochen. Sportlerin?«

»Rangerin«, erwiderte sie. »Nun ja, bis jetzt hab ich nur einen Vertrag für den Winter. Erst wenn ich bewiesen habe, dass ich zur Rangerin tauge, ziehen sie mich für einen festen Job in Betracht. Aber Sie haben recht, im Winter bin ich auch jede Woche mindestens einmal unterwegs. Mit meinen Huskys. Ich durfte mein Team sogar in den Park mitbringen. Mein Leithund heißt Chuck, den müssen Sie unbedingt kennenlernen. Er ist bei den anderen in den Hundezwingern.«

»Und wann gewinnen Sie das Iditarod?«

Julie winkte ab. »Daraus wird nichts, dafür muss man monatelang trainieren, sonst hat man keine Chance. Hundeschlittenrennen wie das Iditarod sind nur was für Profis, dafür braucht man finanzkräftige Sponsoren und vor allem Zeit. Mir reicht es, wenn ich zum Spaß durch die Wälder fahren kann oder, wie hier im Nationalpark, die Huskys betreuen darf. Von so einem Job habe ich immer geträumt. Mein Vater ist Chefarzt in einem Krankenhaus und wollte natürlich, dass ich was Anständiges lerne, wie er sich ausdrückt. Am besten sollte ich Ärztin werden und in seine Fußstapfen treten. Aber ich wollte immer in die Natur hinaus. Im Krankenhaus oder in einem Büro hätte ich immer das Gefühl, dass mein Leben an mir vorbeizieht und ich was Wichtiges versäume. Ich brauche die Natur, meine Hunde … das hier.«

»So ähnlich haben wir auch mal gedacht«, erwiderte Mike. »Jeden Tag auf der Piste und Spaß haben, sogar im Sommer auf den Gletschern, und bei den nächsten Olympischen Spielen eine Goldmedaille gewinnen … was Schöneres gab's für uns nicht. Aber wenn man älter wird, denkt man anders. Wir waren keine Eishockey- oder Football-Stars. Von dem Geld, das wir auf die Seite gelegt hatten, konnten wir höchstens zwei oder drei Jahre leben. Da kam der Laden gerade recht. Wir haben ihn von einem ehemaligen Champion gekauft, einem guten Freund. ›Die Karriere dauert nicht ewig‹, sagte der, ›wenn's euch mit achtzig auch noch gut gehen soll, müsst ihr vorsorgen.‹«

»Damit hab ich keine Probleme, wenn mich die Ranger nehmen. Da gibt's genügend Programme für die Altersvorsorge. Das ist der Vorteil, wenn man für die Regierung arbeitet. Und eine Medaille kann ich hier auch gewinnen. Jedes Jahr gibt es ein ganz besonderes Hundeschlittenrennen, die Denali Doubles ... zwei Musher pro Schlitten und zwanzig Hunde. Da will ich unbedingt mal mitmachen, falls ich hier im Denali National Park bleiben kann.«

Nachdem Mike die Thermosflasche verstaut hatte, zogen sie weiter. Diesmal übernahm Julie die Spitze, folgte dem Lichtkegel ihrer Stirnlampe über die Hügel, die tatsächlich den Eindruck erweckten, als hätte man einen leichten Weg vor sich. Einige Felsen, die wie einsame Monumente aus dem Schnee ragten, hielten den Wind ab, und selbst die Temperaturen schienen hier nicht so eisig wie auf der anderen Seite des Flusses zu sein. Julie war froh, die Felswand mit den Höhlen hinter sich lassen zu können. Sie erschauderte immer noch, wenn sie an den Mann auf dem Snowmobil dachte. Hätten Josh und sie die Höhle nicht verlassen, wären sie jetzt wahrscheinlich schon beide tot, würde man ihre Skelette vielleicht auch erst in zwanzig Jahren finden. Ein Gedanke, der so quälend war, dass sie unwillkürlich ihre Schritte beschleunigte, um so schnell wie möglich zwischen den Hügeln untertauchen zu können.

Noch immer wirbelte der Schnee so dicht, dass sie ihre Schutzbrillen aufsetzen mussten. In ungefähr vier Stunden sollte es besser werden, hatte die Zentrale gesagt, aber wie sehr man den Berichten der Wetterstation glauben konnte, hatte die erste Voraussage wohl schon bewiesen. Je näher man dem Mount McKinley kam, desto unzuverlässiger wurden alle Prognosen. Der Berg hatte seinen eigenen Willen, und das Wetter an seinen Hängen änderte sich so, wie es den Geistern, die auf seinem Gipfel wohnen sollten, gerade einfiel. Wenn am Parkeingang die Sonne schien, konnte in den Ausläufern des Denali ein heftiger Schneesturm toben.

Die ersten Hügel waren so sanft und leicht zu überqueren, wie Carol es vorausgesagt hatte. Der Schnee war fest, die Steigungen meist nicht der Rede wert, und der Wind blies einem nur an manchen Stellen ins Gesicht. Lediglich das dichte Schneetreiben störte und hinderte sie daran, entspannt über die Hügel zu wandern. In dieser Gegend hätte ein Hundeschlitten gute Dienste geleistet. Ihre Huskys liebten dieses Wetter und wären mit einem solchen Elan und einer solchen Freude über das verschneite Land gelaufen, dass sie ihr Ziel wahrscheinlich längst erreicht hätten. »Wir haben es nicht mehr weit«, sagte Julie, als sie stehen blieb und einen Blick auf die Karte warf. »Noch eine Meile, wenn es hochkommt.« Sie fuhr mit dem Finger über die Karte. »Sehen Sie ... da ist der Bach. Wenn wir den erreicht haben, sind wir so gut wie dort.«

Doch diese Meile hatte es in sich. Kaum hatten sie den letzten der sanften Hügel hinter sich, fiel das Land plötzlich steil ab, ein Geröllhang, wie sie vermuteten, und vor ihnen lag eine zerklüftete Felslandschaft, die Julie an einen Film über einen Vulkan auf Hawaii erinnerte. Nur dass hier keine tropische Sonne vom Himmel brannte und die tiefen Furchen im gefrorenen Boden von einem Ausläufer des mächtigen Muldrow-Gletschers hervorgerufen wurden. Hier veränderte sich das Land ständig, zeigte es alle paar Jahre ein anderes Gesicht, und wäre nicht das Schneetreiben gewesen, hätten sie wohl erschrocken innegehalten und entsetzt auf diesen »Golfplatz des Teufels« geblickt. So hatte ein alter Ranger die Ausläufer des Mount McKinley getauft.

Im Lichtschein der Stirnlampen, inzwischen hatten auch Mike und Ruth ihre eingeschaltet, war nur ein Teil der zerfurchten Felsen zu erkennen, doch auf der Karte war deutlich zu sehen gewesen, dass sie sich noch mindestens eine halbe Meile bis zum Bachufer hinzogen. Die vereisten Felsen glänzten schwach in den Lichtkegeln ihrer Lampen, sahen teilweise wie geschärfte Messer aus, die bedrohlich aus dem Boden ragten und sich gegen die dunklen Abgründe tiefer Furchen abhoben. Wie tief sie waren, zeigte sich, als Julie einen faustgroßen Stein mit einem ihrer Schneeschuhe anstieß, der Stein in einen Spalt fiel und erst nach gefühlten zehn Sekunden auf dem Boden aufschlug.

»Carol hat recht«, sagte Mike leise, als müsste er im Angesicht der scheinbar verzauberten Landschaft seine Stimme senken, »hier müssen wir aufpassen. Die dunklen Furchen sind Gletscherspalten. Wer da reinfällt, kommt selten wieder raus. Am besten halten wir uns gegenseitig an den Händen fest.«

Julie übernahm auch hier die Führung. Die Vorschriften verlangten, dass der Ranger oder die Rangerin die Verantwortung übernahm, wenn es gefährlich wurde, allein schon deshalb, weil es bei einem Unfall sonst Ärger mit der Versicherung gegeben hätte. Schon nach den ersten Schritten merkte sie, dass die Felsen gefährlicher aussahen als sie wirklich waren. Zwischen den dunklen Furchen war so viel Platz, dass man schon großes Pech haben musste, um den Halt zu verlieren und in den Abgrund zu stürzen. Selbst in dem wirbelnden Schnee waren die Furchen deutlich zu sehen, und man stürzte auch dann nicht in die Tiefe, wenn man plötzlich den Halt verlor und in den Schnee fiel.

»Ist gar nicht so schlimm«, erkannte sie. »Nur ein bisschen nervig, wenn man keine Stirnlampe hat. Scott dürfte sich schwergetan haben.« Sie löste sich von Mike, und auch Ruth hielt sich nicht mehr an ihrem Mann fest. »Aber wenn er hier war, hat er es bestimmt bis zur Hütte geschafft, und da wäre er erst mal sicher. Mit dem Snowmobil kommt man hier nicht weit.«

Das hatte Julie schon beim Anblick der Karte gesehen. Der Trail führte westlich vom Wonder Lake nach Süden und bog erst dann zum Bachufer ab. Wer die Hütte mit dem Snowmobil oder Hundeschlitten erreichen wollte, musste sich ihr von der anderen Seite nähern. Von den Höhlen kam man nur zu Fuß dorthin. Scott Jacobsens Rettung, wenn er tatsächlich dort untergekrochen war. So dumm, sich bei diesem Wetter dem Berg zu nähern, war er hoffentlich nicht. Ihres Wissens hatte er nicht einmal eine Schutzbrille eingesteckt, von einem Funkgerät oder einem festen Biwakzelt ganz zu schweigen.

Der Schrei hinter ihr kam so plötzlich, dass Julie vor Schreck erstarrte und hilflos dabei zusehen musste, wie Ruth an einer vereisten Stelle das Gleichgewicht verlor und mit den Füßen voraus auf eine der dunklen Spalten zurutschte. Mike reagierte schneller und hechtete ihr nach, bekam sie aber nicht mehr zu fassen und sah entsetzt, wie sie in der Tiefe verschwand.

»Ruth!«, rief er verzweifelt.

Die Schreie seiner Frau verstummten nicht, ein gutes Zeichen, denn als Julie und Mike sich vorsichtig über den Rand der Spalte beugten und hinunterblickten, sahen sie Ruth ungefähr zehn Schritte weiter unten an der Felswand hängen. Schreiend und mit vor Schmerz und Entsetzen geweiteten Augen blickte sie zu ihnen herauf.

»Nicht bewegen, Ruth!«, rief Mike in die Tiefe. Im Lichtschein seiner Lampe sah man, dass sich eine vorstehende Felsspitze unter ihren Anorak gebohrt hatte und Ruth festhielt. Doch der spitze Fels hatte die Jacke schon aufgerissen und stieß weiter nach oben. Es würde nicht mehr lange dauern, bis er ihr den Anorak vom Körper fetzte und sie weiter hinabstürzte. »Wir holen dich hoch!«

Mike zog seine Jacke aus und wandte sich an Julie. »Ihre Jacke! Schnell! Ich brauche Ihre Jacke!« Sie zog ihren Anorak aus, und er knotete die beiden Kleidungsstücke an den Ärmeln zusammen. Nachdem er mehrere Male hastig an den beiden Jacken gezerrt und die Festigkeit des Knotens überprüft hatte, nickte er zufrieden. »So müsste es gehen.«

Er kniete am Rand der Felsspalte nieder. »Ich hab unsere Anoraks zusammengeknotet«, rief er nach unten. »Keine Angst, der Knoten hält. Meinst du, du kannst dich daran festhalten?«

Ruths Schreie waren zu einem ängstlichen Wimmern verkümmert. »Die Anoraks? Aber ...« Sie holte tief Luft und man sah, dass es sie alle Kraft kostete sich zusammenzunehmen. »Ich versuche es, Mike.«

Mike hielt einen der Ärmel mit beiden Händen fest und

ließ das provisorische Rettungsseil in die Tiefe gleiten. Im Schein der Lampe griff seine Frau danach. Sie bekam es sofort zu fassen, schaffte es aber nicht, sich von der Felsspitze zu lösen. »Ich hänge fest! Hilf mir, Mike! Lange halte ich nicht mehr durch! Ich will nicht sterben!«

»Ich klettere runter«, entschied Julie, ohne lange nachzudenken. »Ich klettere an den Anoraks runter und helfe ihr, sich loszumachen. Die Jacken halten zwei Personen. Meinen Sie, Sie sind stark genug, um uns beide hochzuziehen?«

»Das ist zu gefährlich, Julie! Sie werden beide in die Tiefe stürzen!«

Julie hörte nicht auf Mike. Sie zog die Schneeschuhe aus, stieg über den Rand und hangelte sich an den zusammengeknoteten Anoraks zu Ruth hinab. Sie hatte keine Angst. Alle ihre Gedanken waren darauf konzentriert, Ruth zu befreien und sicher nach oben zu bringen. »Ich helfe Ihnen!«, rief sie nach unten. »Glauben Sie, Sie können sich lange genug an den Jacken festhalten?«

»Meinen Sie … meinen Sie, die halten uns beide, wenn wir uns daran hochziehen?«, fragte Ruth ängstlich.

»Keine Bange, ich hab gerade eine Diät hinter mir.« Julie hatte einen Felsvorsprung gefunden, auf dem sie sich mit den Füßen abstützen konnte. Mit der linken Hand hielt sie sich an den Anoraks fest, mit der rechten versuchte sie die verunglückte Frau zu erreichen.

Ruth wollte gerade nach Julies Hand greifen, als sich die Felsspitze mit einem hässlichen Geräusch weiter durch den Stoff nach oben fraß und direkt unter ihrer rechten Schulter hängen blieb. Sie stieß einen verzweifelten Schrei aus und zog ihre Hand zurück. In ihren Augen spiegelte sich die nackte Angst. Sie wusste ganz genau, dass ihr Anorak beim nächsten Mal reißen und sie in den Abgrund stürzen würde. Ihr Leben hing buchstäblich an einem seidenen Faden.

»Greifen Sie das Seil! Mit beiden Händen! Lassen Sie nicht los!«

Julie klang so ruhig und entschieden, dass Ruth gehorchte. Sie griff nach dem losen Ärmel, an dem auch Julie sich festhielt, und wimmerte verzweifelt.

Julie öffnete den Reißverschluss von Ruths Anorak. Zu ihrer Erleichterung sah sie, dass der Felsen sie nicht ernsthaft verletzt und nur ihre Haut ein wenig aufgerissen hatte.

»Nicht loslassen, Ruth!«, mahnte Julie. »Auf keinen Fall loslassen! Ich werde jetzt den Anorak losmachen, damit wir Sie nach oben ziehen können. Machen Sie sich bereit, gleich wird es einen Ruck geben.«

Julie zog ihr Taschenmesser aus ihrer Jacke und machte sich an Ruths Anorak zu schaffen. Schnell zerriss der Stoff und Ruth kam mit einem Ruck frei. Sie schrie auf, konnte sich aber festhalten. Schluchzend klammerte sie sich an die geknoteten Anoraks. »Zieh uns hoch, Mike! Schnell!«

Julie steckte ihr Messer weg und umfasste Ruth mit ihrem freien Arm, dabei redete sie ihr gut zu. »Jetzt haben wir es gleich geschafft, Ruth! Gleich sind wir oben!« Mit den Füßen fand Julie immer wieder Halt in der zerklüfteten Felswand und erleichterte Mike die schwere Arbeit. Dennoch musste er seine ganze Kraft aufbieten, um die beiden Frauen hochzuziehen. »Nur noch ein paar Sekunden, Ruth ... alles nur halb so schlimm! Wir schaffen es!«

Sie erreichten den Rand der Felsspalte und krochen auf festen Boden. Mike half seiner Frau, packte sie unter den Achseln, zog sie in den Schnee und umarmte sie so fest, dass sie kaum noch Luft bekam. »Du bist okay, Ruth! Es ist alles wieder gut! Ich liebe dich, mein Schatz! Mein Gott, hatte ich eine Angst!«

Julie stand auf und öffnete mit viel Mühe den festgezurrten Knoten, der die Anoraks zusammenhielt. Sie hatten kaum unter der Rettungsaktion gelitten. »Das ... das war verdammt knapp«, sagte sie leicht verstört, doch Mike und Ruth hatten etwas Besseres zu tun, als ihr zuzuhören. Sie küssten sich leidenschaftlich.

15

Ruth weinte vor Erleichterung. Die blutigen Schrammen, die sie während des unglücklichen Sturzes erlitten hatte, waren kaum der Rede wert, und es genügten einige Pflaster, um die leichte Blutung zu stillen. Sie zitterte nur wegen der eisigen Kälte, die mit dem Wind über die Hänge blies, denn ihre Jacke war total zerfetzt und bot keinen Schutz mehr.

Mike ließ sie rasch in seinen Anorak schlüpfen und blickte sie lächelnd an. »Alles klar?«

»Alles klar«, erwiderte sie dankbar. Sie ging zu Julie und schloss sie in ihrem viel zu großen Anorak in die Arme. »Danke, Julie! Du warst sehr mutig.«

Julie war viel zu erschöpft, um etwas darauf zu erwidern. Erst jetzt wurde ihr bewusst, wie gefährlich ihr Eingreifen in der Felsspalte gewesen war. Eine falsche Bewegung und sie wäre mit Ruth in die Tiefe gestürzt. Niemand hatte wissen können, ob der Knoten zwischen den Anoraks fest genug gewesen war, und wie lange es gedauert hätte, bis die Felsnadel den Anorak durchbohrt hätte. Ihr wurde beinahe übel bei dem Gedanken, dem Tod so nahe gewesen zu sein. Nur langsam erholte sie sich von ihrem wagemutigen Einsatz.

»Ich glaube, wir kehren besser um«, sagte sie. Ihr Blick war auf Mike gerichtet. »Ohne Anorak halten Sie hier draußen nicht lange durch. Wenn Scott in der Hütte ist, kann ihm sowieso nicht viel passieren. Ich glaube nicht, dass Harmon von ihr weiß, und bevor er auf gut Glück über die Felsen klettert, sucht er lieber woanders. Die Ranger sollen mit dem Hubschrauber nach ihnen suchen. Irgendwann muss dieses verfluchte Schneetreiben ja mal aufhören.«

Mike lächelte, als er sie fluchen hörte. »Keine Angst«, sagte er, »den Pullover hat meine Mutter gestrickt. Die war selbst Skiläuferin und weiß ganz genau, wie warm so ein Pullover sein muss. So was gibt's in keinem Laden.«

»Nicht mal in Ihrem?«

»Nur für gute Kunden«, antwortete Mike. »Wenn Sie mal nach Sacramento kommen, strickt Ihnen meine Mutter bestimmt einen.« Er legte einen Arm um seine Frau. »Gehen wir ... aber langsam. Nicht, dass noch jemand ausrutscht.«

Um ganz sicherzugehen, hielten sie sich an den Händen, als sie die zerfurchten Felsen überquerten. Ohne einen einzigen Fehltritt erreichten sie die windgeschützten Hügel. Im Schatten der schützenden Felsen legten sie eine kurze Rast ein, tranken von ihrem Tee und ließen sich die restliche Schokolade schmecken. Mike fror sicher erbärmlich, trotz des dicken Pullovers, ließ sich aber nichts anmerken. Ruth kuschelte sich dicht an ihn und wärmte ihn.

In der plötzlichen Stille wirkte der Schuss lauter, als er wirklich war. Als wären mehrere Waffen gleichzeitig abgefeuert worden, rollte ein vielfaches Echo über die Hügel und brach sich an den Felsen. Unter dem Lärm schien sogar der Boden zu erzittern, doch es war nur der eisige Wind, der einen Weg durch die Felsen fand und den Schnee auf den Hügelkämmen aufwirbelte.

Julie erstarrte. »Nick Harmon! Er hat Scott gefunden!«

»Um Gottes willen!«, flüsterte Ruth.

Ohne ein weiteres Wort liefen sie los. Mit hastigen Schritten überquerten sie die Hügel, die Augen nach Osten gerichtet, wo bald der vereiste Fluss und die Felswand mit den Höhlen auftauchen mussten. Sie ahnten, welches Bild sich ihnen dort bieten würde, und dass sie wahrscheinlich jetzt schon zu spät waren, aber sie liefen weiter. Mike vorweg, weil er die längsten Beine hatte und die größten Schritte machte, dahinter Julie und Ruth. Nur das Rauschen des Windes, das Ächzen des Schnees unter ihren Schuhen und ihr rascher Atem waren zu hören. Immer schneller und kürzer wurden ihre Schritte.

Bitte lass ihn nicht tot sein, dachte Julie. Der Gedanke, gleich bei ihrem ersten Einsatz einen Menschen zu verlieren, trieb ihr die Tränen in die Augen, auch wenn sie genauso wenig wie Carol etwas dafür konnte. Vielleicht hätten sie besser auf Scott aufpassen oder ihn nach Hause schicken sollen. Sein seltsames Verhalten hätte sie warnen müssen. Jetzt war er vielleicht tot, und sie wusste nicht, was sie ihrem Chef sagen sollte. »Es tut mir sehr leid, Superintendent?«

Kurz bevor sie ihr Ziel erreichten, schalteten sie ihre Stirnlampen aus. Leicht geduckt stiegen sie auf den letzten Hügel und spähten in das lang gestreckte Tal hinab. Selbst unter einem sternenlosen Himmel wie jetzt war der Schnee hell genug, um etwas zu erkennen. Zwei Gestalten kauerten unter der Uferböschung, einer hielt den anderen in den Armen und redete in panischer Angst auf ihn ein. Gary und Chris Clarke, nahm Julie an, die Snowboarder.

Ruth zog den kleinen Feldstecher aus dem Anorak und

gab ihn ihrem Mann. Mike blickte hindurch und kniff die Augen zusammen. Ein Nachtglas hätte ihm bessere Dienste geleistet, aber auch so konnte er genug erkennen. »Gary und Chris«, bestätigte er Julies Verdacht. »Gary ist verwundet … am Arm, soweit ich sehen kann. Chris ist okay … ja, er ist okay. Aber wo ist Harmon?«

Die Antwort kam von unterhalb der großen Höhle, in der Julie und Josh gewesen waren. Der Motor des Snowmobils heulte auf und verstummte wieder, kam noch einmal auf Touren und soff wieder ab. Auch mit bloßen Augen konnte Julie erkennen, wie Nick Harmon verzweifelt versuchte, sein Snowmobil wieder in Gang zu bringen. Anscheinend hatte der Motor durch den Sturz etwas abbekommen. Snowmobile waren empfindliche Maschinen.

»Da ist er!«, sagte Julie. »Sein Snowmobil streikt!«

»Und Gary und Chris kann er auf dem Fluss nicht mehr sehen!« Mike setzte den Feldstecher ab und reichte ihn seiner Frau zurück. »Wir müssen ihnen da raushelfen, bevor sein Snowmobil anspringt. Sonst gibt es ein Unglück.«

»Da rüber!«, sagte Julie. Sie deutete auf einen Hügelkamm, der sich beinahe bis zum Fluss hinunterzog. »Dort haben wir genug Deckung. Wenn wir Glück haben, sieht er uns nicht, und wir können rechtzeitig verschwinden.«

Sie erwartete keine Antwort und lief bereits voraus. Inzwischen bewegte sie sich so geschickt auf ihren Schneeschuhen, dass sie beinahe so schnell wie in Stiefeln war und kaum noch Schnee aufwirbelte. Geduckt wie ein indianischer Krieger, der ein feindliches Lager angreift, huschte sie im Schatten des Hügelkamms zum Fluss hinab und kroch über die Uferböschung. »Keine Angst!«, zischte sie Gary und Chris zu. »Wir sind's ... Mike, Ruth und Julie.«

»Gott sei Dank!«, rief Chris erleichtert. »Gary ist verwundet! Harmon hat ihn am Arm getroffen! Er will uns umbringen, der verfluchte Kerl! Kam aus der Höhle und schoss auf uns, als wären wir zwei Hasen! Wenn wir nicht über die Böschung gekrochen wären, hätte uns der Mistkerl glatt erwischt!«

»Und was hatten Sie hier zu suchen?«, fragte Mike. »Hatte Carol Sie nicht gebeten, weiter östlich nach Scott zu suchen? Oder wollten Sie unbedingt die Helden spielen und Harmon überwältigen? Harmon ist ein gefährlicher Mörder!« Er ärgerte sich über den Leichtsinn der beiden Snowboarder, auch weil ihm bewusst war, wie knapp Gary dem Tod entronnen war. Er blickte nervös in die Richtung, in welcher die Höhle lag, und beugte sich zu Gary hinunter. Ein glatter Durchschuss, wie es aussah. Die Kugel war durch seine linke Schulter geschlagen, hatte aber keine lebenswichtigen Organe und auch keinen Knochen verletzt. »Nicht so schlimm, wie es aussieht. Ich leg einen Verband an, aber Sie müssen auf jeden Fall zum Arzt.« Ruth hatte bereits den Notverband und das Jod aus seinem Anorak gekramt. »Das wird jetzt wehtun, Gary. Beißen Sie die Zähne zusammen und blamieren Sie sich nicht, okay?«

Doch schon, als Mike ihm den Anorak vorsichtig vom Arm zog, unterdrückte Gary nur mühsam einen Schrei, und noch schwerer fiel es ihm, als Mike die Wunde säuberte, die Wundränder mit Jod bestrich und einen Verband anlegte. »Und jetzt nichts wie weg, bevor sein Snowmobil anspringt!«

Harmon schien zu ahnen, dass ihm seine Opfer davonliefen, und verdoppelte seine Anstrengungen. Immer wieder kam der Motor seines Snowmobils auf Touren, um gleich darauf sofort zu verstummen. Seine wütenden Flüche hallten durch das Tal. Dann schien der Motor endgültig aufzugeben.

»Abgesoffen«, kommentierte Mike, »jetzt dauert es ein paar Minuten, bis er es wieder versuchen kann. Höchste Zeit, dass wir von hier verschwinden!«

Julie übernahm erneut die Führung. Hinter ihr folgten die beiden Snowboarder und Ruth im Gänsemarsch. Mike bildete den Schluss des kleinen Trupps, blickte alle paar Schritte zurück, um sicherzugehen, dass Harmon ihnen nicht zu Fuß folgte. Julie hatte längst gemerkt, dass er einen Revolver dabeihatte, sich wahrscheinlich aber scheute, damit auf Menschen zu schießen. Auch wollte er wohl Gary und Chris nicht wissen lassen, dass er bewaffnet war. Die beiden waren unberechenbar, auch jetzt noch, nachdem ein skrupelloser Verbrecher auf Gary geschossen und ihn beinahe tödlich verwundet hatte. Nur ein paar Zentimeter weiter und er hätte seinen Kopf getroffen.

Während des Marsches zog Julie mehrmals ihr Funkgerät aus der Tasche und versuchte Carol oder die Zentrale zu erreichen, aber mehr als einige bruchstückhafte Sätze, die keine Bedeutung ergaben, waren nicht zu hören. Damit musste man im Denali National Park immer rechnen. In der »Bibel«, wie sie ihre Broschüre mit Informationen und Vorschriften nannten, stand auch, dass nicht überall im Nationalpark eine einwandfreie Kommunikation möglich war, weder mit dem Funkgerät noch mit dem Handy. Am Mount McKinley war die Wildnis in vielen Gebieten noch urwüchsig, hatte sich die Natur in mehreren hundert Jahren kaum verändert. Ein wildes Land, in dem Wolfsrudel jagten, mächtige Grizzlys durch die Täler zogen und Elche und Karibus über weite Hänge wanderten. Ein Paradies, überwältigend schön und eindrucksvoll, aber auch gefährlich, wenn man die Wildnis nicht gewohnt war.

Gary war kleinlaut geworden, ertrug mannhaft seine starken Schmerzen und versteckte sein Gesicht hinter einer getönten Schutzbrille. Nur an seiner leicht geduckten Körperhaltung und der Art, wie er sich immer wieder an seinen verletzten Arm griff, erkannte man, wie sehr er litt. Chris war ohnehin kein Freund großer Worte. Die Linakers hatten ihnen nichts von dem Unfall erzählt, und obwohl sie gemerkt haben mussten, dass Mike keinen Anorak trug, stellten sie keine Fragen. Die Begegnung mit Nick Harmon musste sie so geschockt haben, dass ihre Gedanken nur noch darum kreisten, möglichst bald aus seiner Schusslinie zu kommen. Auch sie blickten sich ständig um.

Nachdem sie ungefähr eine Stunde gegangen waren, ließ das Schneetreiben nach. Immer weniger Flocken trieben über den vereisten Fluss, und auch der Wind legte eine längere Pause ein und begnügte sich später, als er wieder aufkam, mit einigen frischen Böen. Es war immer noch kalt, vielleicht sogar kälter als zuvor, aber am Himmel waren wieder einige Sterne zu sehen, und man sah selbst in der Dunkelheit, wie sich die schweren Wolken verzogen.

Julie nahm ihre Schutzbrille ab und verstaute sie in einer Anoraktasche. Als sie stehen blieb und sich umdrehte, tauchte ihre Stirnlampe die Gesichter der anderen in blasses Licht. »Jetzt haben wir nichts mehr zu befürchten«, sagte sie erleichtert. »Die Hubschrauber starten sicher gerade und brauchen nur ein paar Minuten bis zur Blockhütte. Wenn Search & Rescue und Law Enforcement zusammenarbeiten, hat Harmon nichts mehr zu lachen. Die brauchen sicher keine zehn Minuten, um ihn einzufangen. Und Scott werden sie auch finden. Ich wusste doch, dass die Sache noch ein gutes Ende nimmt.«

»Und wir?«, meldete sich Gary erstmals wieder zu Wort. Seine Stimme klang weinerlich. »Müssen wir ewig warten, bis sie uns hier rausholen?«

»Keine Bange. Sie bekommen schon noch rechtzeitig Ihre Spritze.«

»Spritze?«

Julie fand keine Zeit mehr, den jungen Mann über ihren Scherz aufzuklären und ihm zu versichern, dass sich der Chefarzt persönlich um ihn kümmern würde. Aus der Ferne drang das vertraute Brummen des Snowmobils an ihre Ohren. Es wurde ständig lauter und ließ sie ängstlich nach Süden starren.

»Harmon kommt!«, erschrak Gary. »Was machen wir jetzt?«

»Der Mistkerl wird versuchen, uns alle aus dem Weg zu räumen!«, warnte Chris.

»Die Lampen aus!«, rief Julie und rannte bereits auf einige Felsbrocken am östlichen Ufer zu. Besonders groß waren sie nicht. »Geht in Deckung!« Sie riss ihr Funkgerät aus der Halterung und rief die Zentrale. »Die Hubschrauber! Wir sind auf dem Fluss südlich der Hütte! Harmon ist hinter uns her! Er ist bewaffnet! Kommt schnell!« Sie hatte keine Ahnung, ob man sie in der Zentrale oder irgendwo sonst hörte und ob man die Piloten der Hubschrauber informierte, aber was sollte sie sonst tun? Die Hubschrauber waren ihre einzige Chance.

Die Felsen boten kaum Deckung. Wenn Harmon es darauf anlegte, würde er jeden einzelnen von ihnen töten, denn hinter ihnen ragte das vereiste Steilufer empor, gegen den sich jeder Körperteil, der zwischen, neben oder über den Felsen hervorragte, als Schatten abhob. Sie saßen auf dem Präsentierteller, nur mangelhaft gegen eine Kugel geschützt, und konnten nur noch beten.

Das Motorengeräusch schwoll langsam zu einem leisen Dröhnen an, war höchstens noch eine Meile entfernt, so genau konnte Julie das nicht einschätzen. In der Wildnis klang vieles anders. Nicht mehr lange, und Harmon würde sie entdecken. Das Ende des Sturms, eben noch ein Geschenk des Himmels, wurde plötzlich zum Fluch. In der klaren Luft bot selbst die Nacht kein Versteck mehr. Das wenige Licht, das vom Himmel fiel und vom Schnee reflektiert wurde, reichte aus, um Harmon ein einfaches Zielen zu ermöglichen.

Als heimlichen Trumpf hatten sie nur die Überraschung auf ihrer Seite. Er würde es nicht nur mit Gary und Chris, sondern auch mit den Linakers und ihr zu tun bekommen. Selbst wenn sie keinen einzigen Schuss abfeuerten, schreckte er vielleicht davor zurück, fünf Menschen zu ermorden. Verlassen konnten sie sich darauf aber nicht. Das dachte wohl auch Mike, als er seinen Revolver aus der Tasche zog und mit geübten Griffen das Magazin überprüfte.

»Sie haben einen Revolver?« Vor Überraschung vergaß Gary sogar seine schmerzende Wunde. »Warum haben Sie das nicht gleich gesagt, verdammt!«

Mike blickte ihn über die Waffe hinweg an. »Ich habe noch nie auf einen Menschen geschossen, Gary, und weiß auch nicht, ob ich das kann. Ich trage die Waffe nur für den Notfall, falls wir auf unseren Ausflügen in die Wildnis einem wütenden Grizzly oder Elch in die Quere kommen. Ich mag keine Waffen.«

»Aber jetzt haben wir einen Notfall!«, erwiderte Gary leise. »Oder haben Sie etwa Mitleid mit Harmon? Der Kerl wollte mich kaltblütig erschießen!«

»Ich überlasse solche Fälle gern der Polizei. Wir sind hier nicht im Wilden Westen, wo jeder das Gesetz in die eigene Hand nehmen kann.« Er entsicherte die Waffe. »Aber vielleicht können wir ihm einen Schrecken einjagen.«

Julie lugte vorsichtig aus ihrer Deckung hervor und sah das Snowmobil als dunklen Schatten in der Ferne. Er hatte den Scheinwerfer ausgeschaltet, wollte wohl auf Nummer sicher gehen. Sein Gewehr hatte er so über der Schulter hängen, dass er im Ernstfall sofort herankam. Er war kein Anfänger. Julie sollte später erfahren, dass Harmon in den Kriegsgebieten des Nahen Ostens als Scharfschütze für die Armee im Einsatz gewesen war. Ein erfahrener Profi also, der jede Woche auf den Schießstand ging, um dort seine Treffsicherheit zu trainieren.

Der Schatten wurde langsamer. Im nächsten Augenblick

riss Harmon den Lenker herum und raste nach Süden davon, als wäre er dem leibhaftigen Teufel begegnet. Wenige Sekunden darauf war er schon nicht mehr zu sehen. Das Dröhnen des Motors wurde immer leiser und verstummte schließlich ganz. Für einen winzigen Moment herrschte Ruhe.

Entweder besaß Harmon einen sechsten Sinn, oder er hatte die Hubschrauber schon gesehen, als sie über den fernen Hügeln emporgestiegen waren. Jetzt hörte man sie auch. Sie rauschten mit dröhnenden Motoren heran, die Suchscheinwerfer auf den Fluss gerichtet, den Bug leicht nach vorn geneigt.

»Die Hubschrauber!«, rief Julie aufgeregt.

Sie schaltete ihre Stirnlampe ein und sprang hinter ihrer Deckung hervor, winkte mit beiden Armen, um die Piloten auf sich aufmerksam zu machen. Hinter ihr rannten die Linakers und die Clarke-Brüder auf den Fluss, ebenfalls mit eingeschalteten Lampen, sofern sie welche besaßen. Sie wirkten wie Schiffbrüchige auf einer einsamen Insel, die ein rettendes Flugzeug gesichtet hatten.

Die Suchscheinwerfer erfassten sie, und einer der Hubschrauber, ein geräumiger Transporter, landete wenige Schritte vor ihnen auf dem Fluss. Sie schnallten die Schneeschuhe ab, duckten sich unter den ratternden Rotoren und kletterten hinein. Gary stöhnte leise, als Julie ihn auf einen der freien Sitze schob. Die Linakers kletterten auf die Plätze dahinter. Sie schob ihre Schneeschuhe unter einen der Sitze und hockte sich neben Josh und Carol auf den Boden. Josh lehnte an der Wand, Carol lag stöhnend auf einigen Decken.

»Das war gerade noch rechtzeitig«, sagte Julie. »Ein paar Minuten später, und Harmon hätte auf uns geschossen. Er ist auf seinem Snowmobil nach Süden geflohen. Gary ist angeschossen. Eine Fleischwunde am linken Arm.«

Die Rangerin bedankte sich mit einem leichten Kopfnicken für die Meldung. »Der ... der andere ... Hubschrauber ... Greg Erhart und seine Männer ... holt ihn ... bestimmt ein ... und Search & Rescue ist ... ist auch schon unterwegs ... Scott suchen ... es wird alles gut ... nur mir ... mir geht es ... schlecht ...«

»Du hast bestimmt ein Magengeschwür.« Obwohl sie wusste, wie ernst eine solche Entzündung sein konnte, versuchte sie zu lächeln. »Keine Angst, das kriegen wir wieder hin. Mein Vater ist auf so was spezialisiert. Halte durch, okay? In einer knappen Stunde sind wir im Fairbanks Memorial, und wenn es sein muss, landest du sofort auf dem OP-Tisch. Keine Bange, okay?«

»Okay«, antwortete Carol leise.

16

»Ranger Wilson!« Über den bewaldeten Hängen drehte sich der Pilot zu Julie um und hielt ihr ein Headset hin. »Der Superintendent möchte Sie sprechen.«

Julie hatte ihre Stirnlampe bereits im Backpack verstaut, nahm auch die Mütze vom Kopf und stülpte sich das Headset über. »Ranger Julie Wilson.«

»Julie ... wir haben uns Sorgen gemacht.«

»In der Hütte und bei den Höhlen war die Verbindung schlecht. Tut mir leid, Sir. Carol ... Ranger Schneider und ich haben mehrfach versucht, die Zentrale zu erreichen. Leider war kaum etwas zu verstehen. Das Wetter ...«

»Sie brauchen sich nicht zu entschuldigen, Julie. Sie haben richtig gehandelt. Was wir wissen mussten, haben wir verstanden. Wie geht es Carol?«

»Ranger Schneider hat starke Magenschmerzen ... wahrscheinlich ein Magengeschwür. Gary Clarke, einer der Teilnehmer, wurde angeschossen. Ein glatter Durchschuss ... Wunde am linken Oberarm.« Sie berichtete in wenigen Sätzen von Scott Jacobsens Verschwinden, dem Skelettfund in der Höhle und Nick Harmon. »Wir nehmen jedenfalls an, dass er es ist, Sir. Josh Alexander, ein weiterer Teilnehmer, hat sich den Fuß verstaucht, und Ruth Linaker kam mit ein paar Schürfwunden davon, als sie in eine Felsspalte stürzte. Gott sei Dank konnten wir sie retten. Ich bin unverletzt.«

Erst jetzt wurde ihr bewusst, wie viele Verletzte sie zu beklagen hatten. »Wir hatten sehr viel Pech, Sir.«

In Gedanken glaubte sie zu sehen, wie der Superintendent milde lächelte. »Sehr viel anders hörten sich die Meldungen, die ich während meiner Zeit in Vietnam weitergeben musste, auch nicht an. Ein zweiter und ein dritter Hubschrauber mit Ranger Erhart und seinen Leuten und dem Search & Rescue Team sind bereits auf der Suche nach Jacobsen und Harmon. Haben Sie eine Ahnung, wo die beiden sein könnten? Was ist mit der neuen Hütte an der Bachmündung? Haben Sie dort nachgesehen? Das wäre in ideales Versteck.«

»Ich weiß, Sir. Wir waren zu der Hütte unterwegs, als Ruth Linaker ... eine der Teilnehmerinnen ... in die Felsspalte fiel. In der Hütte würde ich zuerst nachsehen. Harmon ist nach Süden geflohen, in Richtung Mount McKinley. Er nimmt wohl an, dass Jacobsen nichts von dem Skelett in der Höhle und dem Tagebuch weiß und in den Ausläufern nach der Leiche seines Vaters suchen will. Greg ... Ranger Erhart muss unbedingt verhindern, dass sich die beiden begegnen. Nick Harmon ist ein skrupelloser Killer. Er hat seinen Partner getötet! Er würde alles tun, um zu verhindern, dass der Mord herauskommt.«

»Sie haben sich vorbildlich verhalten, Julie. Ich gebe Ihre Informationen sofort weiter. Sie begleiten die Kranken und Verletzten ins Krankenhaus nach Fairbanks und melden sich nach Ihrer Rückkehr bei mir. Guten Flug, Julie!«

Julie bedankte sich und reichte dem Piloten das Headset zurück. Er bekam bereits seine Anweisungen vom Superintendent und lenkte den Hubschrauber über die Park Road nach Norden, folgte dem geräumten Highway, der durch die Fichtenwälder zu beiden Seiten nach Fairbanks führte. Neben der Straße fuhr ein Personenzug der Alaska Railroad mit blauen Wagen, darunter ein Aussichtswagen, durch dessen Glaskuppel man Fahrgäste erkennen konnte.

Sie ließ sich noch einmal das Headset geben und fragte den Piloten nach einer Funkverbindung zum Fairbanks Memorial. Sie bat die Dame der Telefonzentrale, sie zu ihrem Vater durchzustellen, erhielt eine Allerweltsausrede und bekam ihn erst an den Apparat, als sie deutlich machte, dass Dr. Craig Wilson ihr Vater wäre und es um einen eiligen Nottransport ginge. »Hallo, Dad«, begrüßte sie ihn. »Ich bin's, Julie. Ich rufe vom Hubschrauber aus an.«

»Vom Hubschrauber? Ich dachte, du wärst beim Park Service.«

»Wir sind mit vier Verletzten zu euch unterwegs. Unser Superintendent hat dich sicher schon informiert. Ein Magengeschwür … nehme ich jedenfalls an … eine Schusswunde am linken Oberarm und ein verstauchter Knöchel. Eine Wanderin ist in eine Felsspalte gestürzt und hat nur ein paar blutige Schrammen, aber wäre toll, wenn du sie dir auch mal ansehen würdest. Wir sind in einer halben Stunde bei euch. Du kümmerst dich doch persönlich um unsere Patienten …«

»Aber das sind doch alles Lappalien. Ich hab heute noch eine Herzklappe und eine künstliche Hüfte auf dem Programm. Ich weiß nicht, ob ich Zeit …«

»Tu's mir zuliebe, Dad! Ich hab den Leuten versprochen, dass sich der beste Arzt des Nordens um sie kümmern wird.

Sie haben einiges durchgemacht. Enttäusch mich nicht und gib ihnen einen ordentlichen Rabatt, okay?«

Julie glaubte ihren Vater lächeln zu sehen. Kein amüsiertes, eher ein gequältes Lächeln, weil er ungern auf Geld verzichtete. »Okay, weil du's bist. Vielleicht bringt es mir einige Pluspunkte, wenn ich in den Himmel komme und von Petrus in die Zange genommen werde. Ich veranlasse alles Nötige.«

»Danke, Dad. Ich wusste, dass ich mich auf dich verlassen kann.«

Sie gab dem Piloten das Headset und kehrte zu den anderen zurück. Mit einem liebevollen Händedruck und einem Lächeln ließ sie Josh wissen, dass sie ihn nicht vergessen hatte, munterte Gary mit einem »Hey, das wird wieder!« auf und beugte sich über Carol, die mit verzerrtem Gesicht auf den Decken lag und es vor Schmerzen kaum aushielt. »Gleich hast du's geschafft!«, sagte sie. »In zehn Minuten sind wir da. Mein Vater weiß Bescheid ... er wartet schon auf dich. Jetzt kann dir nichts mehr passieren, Carol. Halte durch!«

Wenig später tauchte die Stadt unter ihnen auf, und sie flogen über die verschneiten Dächer der Häuser hinweg. Julie blickte aus dem Fenster und glaubte die einsame Tankstelle zu erkennen, an der sie Josh mit seiner Schwester gesehen hatte. Dann tauchte der klobige Bau des Fairbanks Memorial vor ihnen auf, und der Hubschrauber landete auf dem Dach des Krankenhauses.

Die Schwestern und Pfleger waren sofort zur Stelle und holten Carol und Josh mit Tragen aus dem Hubschrauber. Julie sprang hinterher und duckte sich unter den drehenden

Rotoren hinweg. Ihr Vater stand mit wehendem Kittel auf dem Dach und beugte sich sofort über Carol, sprach einige Worte mit ihr und drückte leicht auf ihren Magen. Sie schrie vor Schmerzen auf. »Zur Gastroskopie«, trug er zwei Pflegern auf, »dringend. Ich komme gleich nach.«

Er wandte sich an Julie. »Hallo, Julie. Ein Magengeschwür, das hast du gut erkannt. Vielleicht hättest du doch Medizin studieren sollen. Eine Freundin?«

»Meine Vorgesetzte ... wir verstehen uns gut.«

Die Untersuchung der anderen Kranken verlief schneller. Die Pfleger und Schwestern sollten sie in die Notaufnahme bringen, auch Ruth, die eigentlich gar nicht bleiben wollte und erst nachgab, als ihr Julies Vater erklärte, welche inneren Verletzungen sie sich bei dem Sturz in die Felsspalte zugezogen haben könnte. »Es ist besser so, glauben Sie mir. Die Wunden könnten sich entzünden, und dann müssten Sie mehrere Tage hierbleiben. Wollen Sie das?«

»Die Behandlung kostet Sie keinen Cent«, sagte Julie, als sie Ruth und Mike zum Abschied umarmte. »Mein Vater verzichtet auf sein Honorar ... vorausgesetzt, sie schicken ihm eine Golfmütze mit Autogramm. Stimmt's, Dad?« Sie wandte sich an ihren Vater. »Ruth war eine bekannte Skiläuferin.«

»Ruth ... Ruth ...«, grübelte er. »Etwa Ruth Linaker?«

»Genau die. Sie wäre beinahe zu den Olympischen Spielen gefahren.«

Ihr Vater blickte Ruth an und lächelte. »Ich erinnere mich. Eine unglückliche Verletzung, nicht wahr? Ich habe sie damals oft im Fernsehen gesehen. Und jetzt sind Sie wieder gestürzt? Gut, dass Sie mal Leistungssport betrieben haben, Ma'am. Sportler sind widerstandsfähiger als andere Menschen.«

Julie umarmte die beiden zum Abschied und versprach, irgendwann in Sacramento in ihrem Sportgeschäft vorbeizuschauen. »Oder Sie kommen zurück nach Alaska und nehmen wieder an einer geführten Wanderung teil. Nicht jeder Ausflug im Denali National Park verläuft so dramatisch wie unserer.«

Während sich ihr Vater um die anderen Verletzten kümmerte, half Julie einer Hilfskraft, die Backpacks aus dem Hubschrauber zu holen und auf einen Rollwagen zu laden. Als sie fertig war, ging sie zu ihrem Vater. Dr. Craig Wilson schien der eisige Wind auf dem Dach wenig auszumachen. Mit flatterndem Kittel und wirren Haaren untersuchte er Gary, der ebenfalls auf einer Trage lag. »Das kriegen wir hin, junger Mann. Ein glatter Durchschuss ... nichts Ernstes. In einigen Tagen sind Sie wieder auf dem Damm. Seien Sie froh, dass der Schütze nicht besser zielen konnte.« Er blickte Julie fragend an.

»Eine lange Geschichte«, erriet sie seine Frage. »Am Mount McKinley treibt sich ein Verbrecher rum. Die Polizei ist mit Hubschraubern hinter ihm her. Kommt heute Abend bestimmt in den Nachrichten.« Sie blickte auf den verletzten Snowboarder. »Gary ist ihm in die Quere gekommen.«

»Und du warst mit dabei?« Ihr Vater wirkte besorgt.

»Jetzt nicht mehr«, beruhigte ihn Julie. »Ich kümmere mich um die Huskys. Bei solchen Aktionen dürfen nur erfahrene Ranger von Search & Rescue und Law Enforcement mitmachen. Ich bin bei einer anderen Abteilung. Erkläre ich dir alles, wenn du mal Zeit hast, und wir endlich zusammen essen gehen können. Wolltest du mich nicht in eine neue Sushi-Bar ausführen?«

»Das hab ich dir versprochen«, bestätigte ihr Vater, »und das werde ich auch halten. Auch wenn mir ein Steak wesentlich besser schmecken würde.«

»Noch diesen Monat?«

»Versprochen, Julie.«

»Kein leeres Gerede?«

»Du kennst mich doch.«

Eben, hätte sie beinahe geantwortet, du hast schon so oft dein Versprechen gebrochen, dass ich dir nicht mehr glaube. Aber sie verkniff sich eine patzige Antwort und ging zu Josh, den eine Schwester gerade zum Aufzug rollen wollte.

»Dad?«, rief sie ihren Vater herbei. Die anderen Verletzten und ihre Begleiter waren bereits auf dem Weg in die Notaufnahme. »Das ist Josh … ein lieber Freund. Wir sind uns mit den Hundeschlitten begegnet.« Sie errötete leicht und sah, dass auch Josh verlegen reagierte. Seine Schmerzen schien er vergessen zu haben. »Mein Dad … er wird dir ein paar schöne Krücken verpassen. Und wer weiß … vielleicht gehe ich sogar mit dir zum Pizza-Essen.«

Josh strahlte trotz seiner Schmerzen. »Okay … ich ruf dich an.«

»Ranger Wilson!«, rief der Pilot vom Hubschrauber. »Wir müssen zurück. Der Hubschrauber wird dringend für den Einsatz gebraucht. Kommen Sie!«

Julie verabschiedete sich von ihrem Vater und Josh, der

bereits auf dem Weg ins Haus war, und rannte zum Hubschrauber. Geduckt kletterte sie hinein und setzte sich neben den Piloten. Kaum hatte sie die Tür geschlossen und sich angeschnallt, stiegen sie auf. In einer weiten Linkskurve drehten sie über der Innenstadt und dem Chena River und hielten auf den Highway nach Süden zu. Mit leicht nach vorn geneigtem Bug flogen sie dem Denali entgegen.

Obwohl es bereits tief in der Nacht war, bot sich ihnen eine einmalige Aussicht. Die Wolken waren fast vollständig abgezogen, und das blasse Licht des Mondes und der Sterne lag über den Bergriesen der Alaska Range und ließ sie in der Dunkelheit geheimnisvoll erstrahlen. Grünes Nordlicht zog flackernd über den Himmel. Aus der menschenfeindlichen Wildnis, die sie in den Ausläufern des Mount McKinley erlebt hatten, war eine verwunschene Winterlandschaft geworden, die Julie mit einer Festbeleuchtung willkommen hieß.

Vor den Park Headquarters landete der Hubschrauber und wartete gerade so lange, bis Julie mit ihrem Backpack ausgestiegen war. »Danke und viel Glück!«, rief sie dem Piloten zu, als er die Maschine nach oben zog, um weiter zum Wonder Lake zu fliegen und dort einige andere Ranger an Bord zu nehmen.

Im Büro des Superintendent brannte trotz der späten Stunde noch Licht. Julie hatte lange nicht mehr geschlafen und war hundemüde, wusste aber, was von einer guten Rangerin erwartet wurde, und betrat das Blockhaus. Die Tür des Superintendent stand offen, und sie beobachtete, wie ein junger Ranger mit einigen Papieren den Raum verließ. Er grüßte sie im Vorbeigehen und verschwand in dem langen Flur. »Superintendent Green? Sir?«, sagte sie, als sie in der offenen Tür stand. Sie hatte ihren Backpack neben der Tür an die Wand gelehnt. »Ich melde mich vom Fairbanks Memorial zurück. Mein Vater kümmert sich um die Verletzten. Die Verletzungen sind nicht so schlimm, wie wir befürchtet hatten, außer Carol … Ranger Schneider … sie hat wahrscheinlich ein Magengeschwür. Das kann ein paar Tage dauern, Sir … leider.«

Der Superintendent stand auf und begrüßte sie mit Handschlag. »Julie … schön, dass Sie wieder hier sind. Ich habe gerade mit Ihrem Vater gesprochen. Den Patienten geht es gut. Nichts Ernstes bei Ruth Linaker, der junge Mann mit der Schusswunde muss ein paar Tage dort bleiben, aber nur für alle Fälle, und einen gewissen Josh mit einem verstauchten Knöchel werden sie wohl schon morgen früh entlassen. Ranger Schneider hat ein Magengeschwür, aber die Ärzte brauchen nicht zu operieren, und sie darf wahrscheinlich schon in drei, vier Tagen nach Hause. Bis die Medikamente wirken, muss sie auf der Intensivstation bleiben. Wir sollen uns keine Sorgen machen, sagt Ihr Vater.«

»Gott sei Dank«, reagierte Julie erleichtert, »ich hatte mir schon Sorgen um sie gemacht. Sie hatte extrem starke Schmerzen und war sehr blass. Ich denke, viel länger hätte das schlechte Wetter nicht anhalten dürfen.« Sie unterdrückte mühsam ein Gähnen. »Gibt es noch irgendwas für mich zu tun, Sir?«

Ihr Vorgesetzter lächelte. »Nein … Sie haben in den letzten Tagen schon genug getan. Meine Anerkennung, Ranger Wilson.« Die offizielle Anrede sollte wohl seinen Respekt unterstreichen. »Besser hätten Sie sich gar nicht einführen können, auch wenn ich auf das Auftauchen eines Mörders und einen vermissten Wanderer gern verzichtet hätte. Haben Sie das Tagebuch dabei?«

»Natürlich, Sir.« Sie zog es aus ihrer Anoraktasche und reichte es ihm. »Ich nehme an, unsere Leute kümmern sich um die Bergung des Skeletts und die Sicherstellung eventueller Beweismittel. In dem Tagebuch steht lediglich, dass Bill Jacobsen seinen Tod geahnt haben muss. Im Schädel des Skeletts befindet sich ein Einschussloch, und Rückstände von der Kleidung gibt es auch. Ich denke mal, die Beweise für die Identität des Toten sind eindeutig.«

Der Superintendent schätzte offensichtlich ihre klaren Antworten. »Überlassen Sie die Arbeit getrost unseren Spezialisten, Ranger Wilson.« Er wollte die offizielle Anrede wohl beibehalten. »Sie haben schon mehr geleistet, als man von einer Praktikantin erwarten kann, und haben sich erst mal ein wenig Ruhe verdient. Schlafen Sie sich aus und lassen Sie es morgen etwas ruhiger angehen. Kümmern Sie sich um die Hunde, unternehmen Sie einen Ausflug mit dem Hundeschlitten ... was Ranger Schneider betrifft, halte ich Sie auf dem Laufenden. Ich denke aber nicht, dass sich Komplikationen ergeben.«

»Und die Suche nach Harmon und Jacobsen?«, fragte sie neugierig. »Haben die Kollegen in den Hubschraubern schon irgendwelche Spuren entdeckt? Weit können sie beide nicht sein, und dort oben gibt es kaum Bäume, die ihre Sicht behindern. Nick Harmon darf Scott ... Jacobsen auf keinen Fall finden.«

»Bis jetzt gibt es noch keine Ergebnisse, Ranger Wilson. Es gibt dort oben zwar kaum Bäume, aber das Land ist sehr zerklüftet, wie Sie sicher festgestellt haben, und es ist gar nicht so einfach, dort jemanden auszumachen, vor allem, wenn er leichtsinnig genug ist, sich auf dem Gletscher herumzutreiben. Aber wie gesagt, überlassen Sie die Suche ruhig unseren Spezialisten. Legen Sie sich hin und ruhen Sie sich aus. Heute Abend gibt es nichts mehr für Sie zu tun. Die Huskys hat bereits ein Kollege gefüttert. Ihnen bleibt nur noch, sich in Ihr Quartier zurückzuziehen und gründlich zu erholen. Gute Nacht, Ranger Wilson, und noch einmal Glückwunsch zu Ihrem vorbildlichen Einsatz.«

»Aye, Sir.« Julie wusste auch, wann es Zeit war, das Zimmer des Superintendent zu verlassen und sich um seine eigenen Angelegenheiten zu kümmern. Natürlich war sie neugierig, und nur zu gern hätte sie an der Suche nach Scott oder der Jagd auf Harmon teilgenommen, aber sie verstand auch, dass man einer Praktikantin, die erst ein paar Tage dabei war, nicht gleich eine verantwortungsvolle und gefährliche Aufgabe zumuten würde. Wenn sie es doch tat und ihr dabei etwas passierte, bekam der Super ernsthafte Probleme. Bei den Hunden in den Zwingern war sie besser aufgehoben.

Sie schulterte den Backpack und zog sich in ihre kleine Hütte zurück. Obwohl sich bereits bleierne Müdigkeit in ihrem Körper breitmachte, nahm sie sich die Zeit, ihren Ofen in Gang zu bringen und Wasser für frischen Tee aufzusetzen. Während das Wasser kochte, schmierte sic sich ein Sandwich mit dem Käse, den sie im Kühlschrank gelassen hatte. Der heiße Tee tat gut nach den anstrengenden Märschen und dem Flug im Hubschrauber, die Wärme machte sie aber noch schläfriger, sodass sie nicht einmal mehr die Kraft fand, sich auszuziehen und lediglich ihren Anorak, Mütze, Handschuhe und die Stiefel abstreifte, bevor sie angezogen aufs Bett sank und sofort einschlief.

17

Am nächsten Morgen waren der Mond und die Sterne verschwunden. Neue Wolken waren heraufgezogen und bedeckten den Himmel, ballten sich über dem Mount McKinley und hüllten seinen Gipfel ein. Es schneite leicht. Kühler Wind wehte ihr entgegen, als sie nach dem Frühstück die Hütte verließ.

Sie blickte besorgt zum Himmel empor. Es sah ganz so aus, als ginge es nach dem plötzlichen Aufklaren schon wieder abwärts mit dem Wetter. Wenn sie Scott noch nicht gefunden und Harmon noch nicht festgenommen hatten, wurde es höchste Zeit, dass sie die beiden aufspürten. Nur gut, dass sie Carol rechtzeitig ins Krankenhaus gebracht hatten, viel länger hätte sie es wohl kaum in der Hütte ausgehalten. Ihre Schmerzen mussten unerträglich gewesen sein, und es hatte sie sicher sehr viel Kraft gekostet, sie zu verbergen.

Im Schein der trüben Lampen, die vor einigen Hütten brannten, ging sie zum Verwaltungsgebäude. Zwei Ranger, die sie vor der Wanderung bei den Hundezwingern getroffen hatte, kamen ihr entgegen. »Der Super will uns sehen«, sagte der eine. Der andere schenkte ihr ein anerkennendes Lächeln. »Ich hab gehört, du hast dich tapfer gehalten da oben. Respekt! Wenn du so weitermachst, darfst du bestimmt bleiben. So eine wie dich brauchen wir.«

Das Kompliment bedeutete Julie beinahe mehr als ein

schriftliches Lob ihres Chefs. Auch wenn es schon etliche weibliche Superintendents und Ranger gab und die Vorurteile gegenüber weiblichen Rangern so gut wie abgebaut waren, fiel es manchen Machos noch immer schwer, Frauen im National Park Service zu akzeptieren. Im Denali National Park waren Männer dieser Art anscheinend in der Minderheit. »Ich hatte trotzdem Angst, als Harmon uns auf seinem Snowmobil entgegenkam«, räumte sie ein. »Der Mistkerl hätte uns sicher ohne zu zögern umgebracht.«

Im Vorraum des Verwaltungsgebäudes wartete der Superintendent bereits. Auch die anderen Ranger, die während des Winters in den Park Headquarters stationiert waren, hatten sich versammelt, hielten Pappbecher in den Händen und unterhielten sich leise. Die Heizung im Gebäude lief auf vollen Touren.

»Guten Morgen«, begrüßte Superintendent Green die anwesenden Ranger. Er war wie immer korrekt gekleidet und strahlte die Ruhe eines Mannes aus, der alles im Griff hatte. »Wie Sie alle wissen, stehen die Kollegen von Search & Rescue und Law Enforcement gerade vor einer großen Herausforderung. Bevor ich Sie kurz über die neuesten Entwicklungen informiere, möchte ich aber Ranger Julie Wilson, unserer neuen Praktikantin, ein großes Lob aussprechen. Sie hat in den Bergen außergewönlichen Mut bewiesen und einer Wanderin, die in eine Felsspalte gefallen war, das Leben gerettet. Wir haben leider keine Orden zu verteilen, Ranger Wilson, ich hoffe jedoch, dass Sie sich über unseren Beifall genauso freuen.« Alle Ranger klatschten und lächelten ihr zu.

Julie errötete vor Verlegenheit und bedankte sich mit einem Kopfnicken. Sie hatte dieses öffentliche Lob nicht erwartet und freute sich sehr darüber, vor allem, weil es vielleicht im offiziellen Bericht auftauchte und ihr helfen würde, einen Dauerjob zu ergattern.

»Vor einigen Minuten habe ich mit dem Krankenhaus telefoniert«, fuhr der Superintendent fort. »Carol ... Ranger Schneider geht es schon sehr viel besser. Noch heute Morgen wird sie von der Intensivstation in ein normales Zimmer verlegt. In drei oder vier Tagen darf sie nach Hause. Der Wanderer mit der Schusswunde wird schon morgen entlassen. Er hat eingeräumt, den Schuss durch seinen Leichtsinn selbst verschuldet zu haben. Ranger Schneider hatte ihn davor gewarnt, in das Tal mit den Felsenhöhlen vorzudringen.«

Der Superintendent legte eine kurze Pause ein und fuhr dann mit ernster Miene fort: »Leider ist es den Kollegen bisher weder gelungen, Nick Harmon festzunehmen, noch den vermissten Scott Jacobsen ausfindig zu machen. Search & Rescue vermutet, dass sich Harmon in den zerklüfteten Ausläufern des Mount McKinley versteckt oder sogar auf den Gletscher geflohen ist. Dort müsste er auf sein Snowmobil verzichten, dass er inzwischen wohl versteckt hat, weil ihn der Motorenlärm verraten könnte. Selbst mit den Suchscheinwerfern der Hubschrauber fällt es unseren Leuten sehr schwer, den Flüchtigen in der Dunkelheit auszumachen. Vielleicht haben wir nach Sonnenaufgang mehr Glück, obwohl das Wetter nicht so aussieht, als würden wir heute einen Sonnenstrahl sehen. Ich befürchte eher, wir bekommen einen neuen Sturm, vielleicht sogar einen Blizzard, und dann wird uns wohl nichts anderes übrig bleiben, als die Suche vorerst einzustellen, und das wäre fatal.«

»Was ist mit Scott Jacobsen?«, fragte eine Rangerin. »Hatten Sie gestern Abend nicht angedeutet, er könnte sich in unserer neuen Hütte aufhalten?«

»Dort ist er nicht«, antwortete der Superintendent, »unsere Leute haben nachgesehen und die nähere Umgebung abgesucht. Wenn er in der Hütte gewesen ist, hat er sie noch während des Schneetreibens verlassen, sonst hätten wir seine Spuren gefunden. Mehr kann ich Ihnen zurzeit leider nicht sagen.«

Nach der Ansprache holte Julie einen Eimer mit lauwarmem Wasser und ging zu den Hundezwingern. Schon von Weitem hörte sie das aufgeregte Bellen und Jaulen ihrer Huskys. »Hey, Chuck!«, rief sie, als sie die Senke mit dem Schuppen und den Hütten erreichte. »Hast du mich schon vermisst? Was ist mit euch, Bronco, Apache, Curly, Blacky, Nanuk?« Wie immer, wenn sie die Hunde länger nicht gesehen hatte, zählte sie alle Namen auf. »Ich hoffe, ihr seid gesund und munter. Hunger habt ihr doch sowieso, hab ich recht?«

Natürlich hatten sie Hunger, aber zuerst musste sie den Eimer abstellen und einen nach dem anderen in die Arme schließen und streicheln und kraulen. Chuck zuerst und am längsten, wie es sich für einen Leithund gehörte, und dann die anderen. Den kräftigen Bronco, den schnellen Apache, den verspielten Curly, den ehrgeizigen Blacky und den ruhigen Nanuk. Für jeden ihrer Huskys hatte sie einen Platz in ihrem Herzen reserviert. »Hey … anscheinend gefällt es euch hier draußen. Vertragt ihr euch denn auch mit Skipper und den anderen?« Sie blickte zu den Hunden des anderen Teams hinüber und hob beschwichtigend einen Arm, als sie laut bellten. »Keine Angst, ihr kommt nicht zu kurz! Ich komme gleich zu euch. Keine Bange, ihr Lieben!«

Julie öffnete den Schuppen, besorgte einen Eimer mit Trockenfutter und füllte die Fressnäpfe ihrer Huskys, zuerst den von Chuck, dann die der anderen. Das Futter vermischte sie mit etwas lauwarmem Wasser. Sie beobachtete die fressenden Hunde eine Weile, dann ging sie zu Skipper und tätschelte freundschaftlich seinen Rücken, liebkoste auch die anderen Hunde. Sogar Rowdy ließ sich von ihr streicheln, brummte aber grimmig dabei und schüttelte sich widerwillig, als sie von ihm ließ. Zu viele Zärtlichkeiten machten ihn nervös.

Im Osten graute bereits der Tag, als sie die leeren Eimer in den Schuppen trug. Der helle Schimmer am Horizont war kaum zu sehen. Sie verschloss die Tür und blickte misstrauisch zum Himmel empor. Im schwachen Licht, das den kurzen Tag ankündigte, erkannte man noch besser, wie die Wolkendecke immer dichter wurde, und der Mount McKinley und die benachbarten Gipfel immer tiefer in Dunst und Nebel verschwanden. Der Wind war wieder stärker geworden und fegte in heftigen Böen von den Bergen herab, wirbelte Schnee auf und trieb einige der leeren Fressnäpfe gegen die Schuppenwand.

»Das sieht nicht gut aus«, sagte sie zu ihren Hunden. Sie blickte zu den Bergen hinauf und erschauderte, als sie daran dachte, wie sich die Ranger durch das immer stärker werdende Schneetreiben kämpften, immer in Gefahr, von Nick

Harmon aus dem Hinterhalt beschossen zu werden. »Hoffentlich hat Scott einen trockenen Unterschlupf gefunden, sonst sehe ich schwarz für ihn.« Sie ging neben Chuck in die Hocke und kraulte ihn gedankenverloren. »Wenn wir nur was tun könnten! Was meint ihr, ob wir ihn finden würden?«

Ein leises Jaulen war die einzige Antwort, die sie von den Hunden bekam. Nur Rowdy gebärdete sich plötzlich wieder wild und zerrte ungezogen an seiner Kette, als hätte er einen Rivalen in seiner Nähe entdeckt. »Nicht so wild, Rowdy!«, rief sie ihm zu. »Das bringt doch nichts! Oder muss ich dich erst an den Ohren ziehen?« Sie ging langsam auf ihn zu und beugte sich zu ihm hinunter. »Oder bist du böse, weil Carol nicht hier ist? Carol ist krank, weißt du? Ihr Magen tut weh. Sie liegt im Krankenhaus in Fairbanks. In ein paar Tagen wird sie entlassen, dann schaut sie bei euch vorbei … versprochen.«

Ihre sanfte Stimme verfehlte ihre Wirkung nicht und beruhigte ihn. Dennoch blieb er nervös und blickte immer wieder zu den Bergen empor, als gäbe es dort etwas Wichtiges für ihn zu sehen. »Was hast du denn nur, Rowdy?«

Wenig später erkannte sie den Grund für seine Aufregung. Die Hubschrauber kehrten zurück. Zuerst nur als dunkle Flecken am düsteren Himmel zu sehen, wurden sie schnell größer und flogen so dicht über sie hinweg, dass die Rotoren den Schnee aufwirbelten und die Schuppentür zu klappern begann. Die Huskys bellten wie verrückt, nicht nur Rowdy, und zogen an ihren Ketten, wären wohl am liebsten losgerannt, um die Maschinen aus der Nähe anzubellen. »Kein Grund zur Aufregung!«, rief Julie in den Motorenlärm. »Das sind unsere Hubschrauber. Bei so einem Wetter fliegen die nicht gern.«

Sie ließ die Hunde allein und stieg den Trail zu den Park Headquarters hinauf. Lediglich Greg Erhart war mit einem der Hubschrauber zurückgekommen und traf den Superintendent vor dem Haus. Er wartete mit seiner Meldung, bis einer der Hubschrauber aufstieg und zur Basis zurückflog. Der andere, ein Transporter, blieb mit leise ratterndem Motor im Schnee stehen.

»Wir haben Harmon noch nicht erwischt, aber meine Männer suchen weiter nach ihm«, hörte Julie ihn sagen. »Sie haben Proviant für drei Tage dabei und sind bestens ausgerüstet, wie Sie wissen. Es sieht ganz so aus, als wäre er tatsächlich in den Gletscher gestiegen. Ziemlich leichtsinnig von ihm, würde ich sagen, auch wenn er ein erfahrener Bergsteiger war. Ist aber lange her.«

»Ihre Männer sollen sich nicht zu weit vorwagen.«

»Wir sind keine Selbstmörder, Sir.«

»Die Funkverbindung ist schlecht …«

»Leider«, räumte Erhart ein, »aber meine Männer haben genaue Anweisungen. Falls sie Harmon nicht finden, warten sie in der Höhle, in der Ranger Wilson das Skelett gefunden hat, auf die Rückkehr der Hubschrauber, und wir versuchen es noch einmal aus der Luft. Harmon kann nicht entkommen, irgendwann muss er sein Versteck verlassen und dann kriegen wir ihn, Sir.«

»Ich hoffe es, Ranger Erhart. Was haben Sie vor?«

»Ich lasse mich mit einem Husky-Team und einem Schlitten zum Wonder Lake fliegen und suche westlich des

Muddy River nach den beiden Männern ... falls einer von ihnen zur Park Road runter will. Weiter kommen wir mit dem Hubschrauber nicht. Ich schätze, da ist ein Blizzard im Anmarsch.«

»Dann beeilen Sie sich, solange der Hubschrauber noch fliegen kann. Ranger Wilson ist unten bei den Hunden und kann Ihnen beim Einladen helfen.«

»Ich bin hier, Sir!«, machte sich Julie bemerkbar. Sie hatte ein schlechtes Gewissen, weil sie so lange gelauscht hatte, ließ sich aber nichts anmerken.

Der Superintendent nickte zufrieden. »Das trifft sich gut, Ranger Wilson. Helfen Sie Ranger Erhart bitte beim Einladen der Hunde und des Schlittens.« Er sagte ihr, was Erhart vorhatte. »Und packen Sie ihm Hundefutter ein.«

»Gern, Sir.« Sie wandte sich zum Gehen. »Könnte ich nicht mitfliegen, Sir? Wenn ich mit meinem eigenen Schlitten losziehe, finden wir die beiden Männer vielleicht eher. Ich bin eine gute Musherin. Falls ich Harmon sehe, drehe ich natürlich sofort um und alarmiere die Kollegen am Wonder Lake.«

Superintendent Green war nicht gerade begeistert von ihrem Vorschlag, aber Erhart sagte: »Keine schlechte Idee. Erinnern Sie sich noch an ›True Grit‹, nicht die Neuverfilmung, die alte Fassung mit John Wayne? Wie ihm die kleine Mattie geholfen hat? Vierzehn, war sie, glaube ich, und ebenso mutig wie unsere Julie. Sie könnte am McKinley River bleiben, falls uns einer der beiden Männer durch die Lappen geht. Wenn sie ihn sieht, hat sie genug Zeit zum Wonder Lake zu fahren und die Männer dort zu alarmieren.«

»Ich habe den Film gesehen, Ranger Erhart, aber wenn ich mich recht erinnere, geriet die kleine Mattie auch in die Gewalt eines gefährlichen Verbrechers und landete in einer Schlangengrube!« Er lächelte spöttisch. »Aber Sie haben recht, am McKinley River kann ihr nicht viel passieren, und sie hätte genug Zeit, zum Wonder Lake zu fahren, falls einer der Männer auftaucht.« Er blickte Julie an. »Was halten Sie von der Idee, Ranger Wilson? Fühlen Sie sich schon wieder in der Lage, Ranger Erhart auf diese Weise zu unterstützen? Ich zwinge Sie nicht dazu, die Entscheidung liegt ganz allein bei Ihnen.«

»Ich bin bereit, Sir«, erwiderte Julie.

»Dann beeilen Sie sich ... und passen Sie auf sich auf!«

Julie und Greg Erhart brauchten ungefähr eine halbe Stunde, um den Huskys die Geschirre anzulegen und sie in den Hubschrauber zu laden. Die Hunde waren aufgedreht, aber gemeinsam konnten sie die Tiere beruhigen. Nachdem Erhart die Schlitten untergebracht und Julie das Hundefutter verstaut hatte, kletterten sie selbst in den Hubschrauber und gaben dem Piloten das Zeichen loszufliegen.

Im Tiefflug folgten sie der Park Road nach Westen. Der Wind schüttelte sie ordentlich durch und ließ die Maschine stellenweise wie ein wildes Pferd bocken, doch der Pilot war sehr erfahren und ließ sich davon wenig beeindrucken. Einige Meilen östlich vom Wonder Lake landete er im Schnee.

Sie öffneten die Tür und luden die Huskys und die Schlitten aus. Der Hubschrauber war bereits auf dem Rückflug, als sie die Hunde anspannten. Die Vorräte und das Hundefutter hatten sie bereits auf die Vorratssäcke verteilt. Greg Erhart konnte gut mit den Hunden umgehen, auch mit Rowdy, der großen Respekt vor ihm zu haben schien. »Erinnerst du dich an ›Hondo‹?«, fragte er. »An den Western, in dem John Wayne mit einem Hund bei einer einsamen Frau auftaucht? Der Hund hieß Sam …«

»Hondo? Sam?« Sie kannte kaum Western.

»War vor deiner Zeit«, erklärte der Ranger. »Ein Wolfshund, den er von den Apachen geerbt hatte. Der tat auch immer, was er wollte, aber wenn er gebraucht wurde, war er zur Stelle. Ein toller Hund … wild und unabhängig.«

»Als Schlittenhund muss man im Team arbeiten können.«

»Weiß ich doch, aber Rowdy erinnert mich irgendwie an ihn.«

Bis zum Ufer des zugefrorenen McKinley River fuhren sie gemeinsam. Trotz seiner stattlichen Figur bewegte sich Greg Erhart sehr geschmeidig und hatte seine Huskys jederzeit unter Kontrolle. Sein Gewehr trug er an einem Lederriemen auf dem Rücken, seinen Revolver in einem Holster an der Hüfte. Sein goldenes Abzeichen leuchtete im schwachen Licht. Er war der geborene Ranger, nicht mehr so sportlich wie in seiner Jugend, aber immer noch einer der besten, ein großartiger Musher und Gewehrschütze, wie Julie gehört hatte.

»Bleiben Sie in der Nähe des Flusses!«, warnte er sie, bevor er seinen Schlitten nach Süden lenkte und in einer Senke verschwand. »*So long*, Ranger!«

Julie fuhr auf den Fluss, der an dieser Stelle besonders breit war und sich auf mehrere Arme verteilte, und ließ die Hunde etwas langsamer laufen. Mit beiden Füßen auf den

Kufen, die Haltestange in den Händen, fuhr sie über das feste Eis. Es machte Spaß, wieder auf dem Schlitten zu stehen und sich den Wind um die Nase wehen zu lassen, auch wenn die Bedingungen nicht die besten waren und das Wetter immer schlechter zu werden schien.

Ihre Gedanken wanderten zu Josh, der jeden Tag für das Iditarod trainiert hatte und jetzt erst mal auf seine Ausflüge verzichten musste. Es würde ihm nicht leicht fallen, zu Hause auf der Couch zu liegen und den Fuß mit dem verstauchten Knöchel hochzulegen oder sich auf Krücken humpelnd zu seinem Auto zu bewegen. Ob er bei seinen Eltern eingezogen war und sich von seiner Mutter verwöhnen ließ? Oder von seiner Schwester, der blonden Frau, die sie mit ihm an der Tankstelle gesehen hatte? Oder schämte er sich für die Unachtsamkeit, die zu seiner Verletzung geführt hatte, und schlug sich allein durch? Die meisten Männer mochten nicht, wenn man sie bemutterte, obwohl sie sich gern um ihn gekümmert und ihm kalte Umschläge gemacht und Tee gekocht hätte. Trotz der Kälte glaubte sie zu spüren, wie es sich anfühlte, wenn er sie in die Arme nahm und langsam an seine Brust zog.

Sie würde sich nicht gegen einen Kuss wehren. Noch hatte sie keine Ahnung, ob ihre Beziehung von Dauer sein würde, aber einen Kuss würde sie ihm auf jeden Fall gestatten, und wenn sie nicht aufpasste, auch mehr. Ein Blick in seine sanften Augen würde genügen, um sie schwach zu machen. Obwohl sie ihn erst seit ein paar Tagen kannte, fühlte sie eine seltsame Verbundenheit mit ihm, vielleicht auch, weil sie dem Tod mehrere Male gemeinsam in die Augen geblickt hatten und durch die Erlebnisse in den Bergen miteinander verbunden waren. Selten hatte sie sich zu einem Menschen so stark hingezogen gefühlt wie zu Josh während ihres Aufenthalts in der Höhle.

An der Mündung des Muddy in den McKinley River war der Fluss so breit, dass er beinahe wie ein See auf sie wirkte. Vor ihr lag eine weite Eisfläche, nur unterbrochen durch aufgeworfenes Eis in den seltsamsten Formen, und der Wind blies ihr hier noch stärker ins Gesicht. Über dem Muddy River wirbelten die Flocken wild durcheinander. Sie zog ihre Schutzbrille über die Augen, ließ die Stirnlampe aber aus, um nicht unnötig auf sich aufmerksam zu machen. Ihren Schal hatte sie bis über die Nase geschoben, die Wollmütze hing weit über die Stirn. Nicht mal ihr eigener Vater hätte sie so erkannt.

Um einen besseren Ausblick zu haben, trieb sie die Hunde über die Uferböschung und fuhr am Muddy River entlang nach Süden. Der Schnee wirbelte ihr ins Gesicht und ließ sie selbst hinter der Schutzbrille blinzeln. Sie hielt genau auf den Mount McKinley zu, obwohl der Berg inzwischen in aufstiebenden Schnee gehüllt und kaum noch zu sehen war. Aber man konnte ihn fühlen, wie einen Menschen, der sich einem von hinten oder im Dunkeln näherte, und es beschlich einen dasselbe unheimliche Gefühl, als würde gleich etwas vollkommen Unerwartetes und vielleicht auch Gefährliches geschehen. So eindrucksvoll der Berg war, wenn er sich von seiner Sonnenseite zeigte, so furchteinflößend wirkte er bei schlechtem Wetter in seinem nebligen Mantel.

Welche böse Überraschung hielt der Berg für sie bereit?

18

Auf einem Hügelkamm trat Julie erschrocken auf die Bremse. »Whoaa! Whoaa!«, rief sie den Hunden zu, das Signal, sofort anzuhalten. Der Schlitten rutschte ein wenig nach links, als die Hunde langsamer wurden, und blieb im tiefen Schnee neben dem Trail stecken. »Easy«, beruhigte sie ihr Gespann.

Chuck drehte sich neugierig nach ihr um. Er schien sich zu fragen, warum sie ausgerechnet auf dem windigen Hügelkamm anhielt, witterte keine Gefahr und gab zu erkennen, dass er mit ihrer Entscheidung nicht einverstanden war.

Julie zog ihre Schutzbrille übers Kinn und kniff die Augen gegen den treibenden Schnee zusammen. Sie war sicher, in weiter Ferne eine Bewegung gesehen zu haben, einen Schatten, der sich torkelnd durch das Schneetreiben bewegte. Suchend ließ sie ihren Blick über die verschneiten Hügel gleiten.

Im schwachen Tageslicht, das lediglich einen hellen Schimmer am Horizont aufleuchten ließ, war kaum etwas zu erkennen. Düstere Nebelschwaden hüllten die Hügel ein. Nicht die geringste Bewegung, nur die schattenhaften Umrisse von einigen Fichten, die verloren aus dem blassen Schnee ragten.

Sie glaubte schon, sich geirrt zu haben, als sie bemerkte, wie zuerst Chuck und dann auch die anderen Hunde die

Ohren aufstellten und neugierig in die Ferne blickten. Anscheinend hatten sie etwas gewittert, oder ihr Instinkt sagte ihnen, dass irgendwo in der Nähe eine Gefahr lauerte. Chuck straffte seinen Körper, als müsste er einen Angriff abwehren, und gab den anderen Hunden durch seine Körperhaltung zu verstehen, wachsam und auf der Hut zu sein.

Ohne die Reaktion ihrer Huskys wäre Julie wahrscheinlich weitergefahren, doch so blieb sie stehen und suchte noch einmal die Hügel ab, sah plötzlich eine flüchtige Bewegung zwischen den Fichten und einen Schatten, der sich von den Bäumen löste und hinter dem nächsten Hügelkamm verschwand.

Scott Jacobsen?

Oder Nick Harmon ohne sein Snowmobil?

Ohne weiter darüber nachzudenken, fuhr sie los. Ihr war bewusst, welches Risiko sie einging, falls es Harmon war, und ihre eigenen Worte klangen ihr noch in den Ohren: Wenn ich jemanden sehe, kehre ich sofort um! Aber zuerst musste sie wissen, wer sich zwischen den Bäumen versteckt hatte. Wenn es Harmon war, vertraute sie darauf, ihn rechtzeitig zu erkennen, bevor er auf sie anlegte. Im Ernstfall würde sie ihn mit dem Hundeschlitten schnell abhängen. Und wenn es sich um Scott handelte, musste sie ihn einsammeln und zurückbringen. Der arme Kerl irrte schon viel zu lange allein durch die Wildnis.

»Schneller, Chuck! Lauft! Lauft!«, feuerte sie ihre Huskys an. »Sonst geht er uns noch durch die Lappen!« Sie stand geduckt auf den Kufen, sprang runter und schob den Schlitten an, wenn der Schnee zu tief wurde, rief erleichtert: »Jetzt aber, Chuck!«, als sie die nächste Steigung hinter sich hatten und über einen blankgefegten Hügelkamm fuhren. »Heya! Vorwärts, Chuck!«

Mit weiten Sprüngen hetzten die Huskys über den festen Schnee. Sie waren zum Laufen geboren, und es gab nichts Schöneres für sie, als zu beweisen, dass sie einer solchen Herausforderung gewachsen waren. Ihre Kraft und Ausdauer waren kaum zu schlagen, und ein Leithund wie Chuck war sogar dem Anführer eines Wolfsrudels überlegen. Julie glaubte zu sehen, wie seine Augen vor Begeisterung blitzten, als er über den vereisten Hügelkamm lief.

Als sie die einsamen Fichten erreichte, sah sie auch den Schatten wieder. Jetzt war er deutlich als Mann zu erkennen. Es war Scott, er musste es sein. Es sei denn, Harmon hatte sein Gewehr verloren. Sie überließ Chuck die Führung und blickte genau hin, erkannte Scott auch an seiner Körperhaltung und seinen Bewegungen. »Scott!«, rief sie. »Ich bin's, Julie! Bleiben Sie stehen!«

Scott blieb tatsächlich stehen und drehte sich um, lief dann aber weiter, als wäre der Leibhaftige hinter ihm her. An seine Schneeschuhe hatte er sich noch immer nicht gewöhnt, er stolperte und fiel, rappelte sich auf und torkelte durch den Schnee wie ein Betrunkener. Als er erneut stürzte, warf er seinen Backpack in den Schnee, fiel noch einmal und kroch auf allen vieren weiter.

Julie musste einen Umweg fahren, um mit dem Schlitten nicht in den Tiefschnee zu geraten, erreichte einen weiteren Hügelkamm und fuhr ungefähr zwanzig Schritte neben ihm. »Bleiben Sie stehen, Scott! Nick Harmon ist hinter

Ihnen her! Er will Sie umbringen! Kommen Sie, ich bringe Sie zurück!«

Er dachte nicht daran, stehen zu bleiben. Von Panik getrieben, rannte er weiter, auch wenn er längst gemerkt haben musste, dass er gegen sie keine Chance hatte. Nackte Angst hatte ihn gepackt. Der beschwerliche Marsch durch die Wildnis schien seinen Verstand getrübt zu haben, oder er war so besessen von seinem Plan, die Leiche seines Vaters zu finden, dass er auf keinen Zuruf mehr reagierte und eher sterben würde, als aufzugeben. Wie ein verwundetes Tier kroch er durch den Schnee, bis er nicht mehr konnte und erschöpft liegen blieb. Er sank schluchzend mit dem Gesicht in den Schnee.

Julie hielt den Schlitten an. »Wir wissen, was damals am Mount McKinley passiert ist«, rief sie ihm zu. »Nick Harmon hat Ihren Vater ermordet! Wir haben den Beweis, Scott. Ich habe das Tagebuch Ihres Vaters gefunden.«

»Tagebuch?« Das Schluchzen verstummte, und er hob den Kopf.

Julie zögerte Scott die ganze Wahrheit schonungslos zu berichten, vor allem da er sichtlich geschwächt war. Wie würde er darauf reagieren? Dass er unberechenbar handeln konnte, hatte sie schon erlebt. Dennoch spürte Julie, dass er ein Anrecht auf die Wahrheit hatte, vor allem, nachdem er sein Leben riskiert hatte, um sie zu erfahren. »Es lag bei seinem ... bei seinen Überresten. Wir haben sein ... sein Skelett in einer Höhle gefunden. Das Tagebuch lag daneben. Harmon hat ihn nicht am Berg, sondern erst nach dem Abstieg erschossen. Und dann hat er seine Leiche in der Höhle versteckt. Josh und ich sind durch Zufall drauf gestoßen, als wir nach Ihnen gesucht haben. Jetzt gibt es einen Beweis für den Mord, Scott. In seinem Schädel war ein Kugelloch. Harmon hat ihn erschossen.«

Scott brauchte einige Zeit, um die Nachricht zu verdauen. Wie in Zeitlupe stemmte er sich vom Boden hoch und fiel noch einmal hin, bevor er sein Gleichgewicht erlangte und mit ungläubiger Miene auf sie zustapfte. »Er hat ... er hat ihn erst nach dem Abstieg erschossen? Ich dachte, er hätte es in der Wand getan, und mein Vater ... mein Vater wäre abgestürzt. Auf das Gletschereis.«

»Dort wären Sie sowieso nicht hingekommen, Scott! Auf dem Gletschereis kommen nur erfahrene Bergsteiger voran.« Sie kramte die Thermoskanne mit dem heißen Tee aus ihrem Vorratsbeutel und reichte sie ihm. Während er trank, holte sie seinen Backpack und wuchtete ihn auf den Schlitten. »Sie waren sehr leichtsinnig, Scott. Das hätte auch ins Auge gehen können. Warum haben Sie denn nichts gesagt? Warum haben Sie nicht die Polizei gerufen?«

»Die Polizei?« Er lachte. »Die hat doch schon damals nichts getan! Alle glaubten, mein Vater wäre abgestürzt, und Harmon hätte alles darangesetzt, ihn zu retten. Harmon ist ein großartiger Lügner. Er ließ sich jahrelang als unerschrockenen Helden feiern, obwohl er ohne meinen Vater niemals den Gipfel erreicht hätte ...« Er stutzte. »War ... war mein Vater denn auch oben?«

Julie legte eine Hand auf seine Schulter. »Die Ranger haben das Tagebuch, Scott, da steht alles drin. Er war mit Harmon auf dem Gipfel. Und er war sehr glücklich dort oben. Die Aussicht ... sie muss einfach großartig gewesen sein. Aber misstrauisch war er schon damals. Er schreibt, dass Harmon sich seltsam benommen habe, als wäre er eifersüchtig auf ihn gewesen, und ein paar Seiten weiter denkt er sogar darüber nach, wie weit Harmon gehen würde, um den Ruhm für sich allein zu haben. Er hat seinen Tod geahnt.«

»Dann hat Harmon alle gemeinsamen Fotos vernichtet«, sagte Scott. »Es existiert wohl nur das eine Foto, das Harmon angeblich mit einem Selbstauslöser von sich gemacht hat. Auch ich habe seine Version lange geglaubt, bis ich vor einigen Wochen ein Fernsehinterview mit ihm gesehen habe. ›Alte Helden‹ oder so ähnlich hieß die Sendung. Als sie die Bilder vom Mount McKinley zeigten, kamen die ganzen Erinnerungen zurück, und als er meinen Vater kaum erwähnte, wurde ich misstrauisch, und mir wurde auf einmal klar, dass Nick Harmon beim Unfall meines Vaters nachgeholfen haben könnte. Ich wollte unbedingt seine Leiche finden, um einen Beweis gegen Harmon zu haben.«

»Den haben Sie jetzt, Scott.« Julie kramte eine Decke aus ihrem Vorratsbeutel und legte sie auf die Ladefläche ihres Schlittens. »Machen Sie sich's bequem. Ich bringe Sie zurück. Die Ranger sind schon dabei, den Leichnam Ihres Vaters zu bergen. Man wird Harmon verurteilen. Die Hubschrauber suchen bereits nach ihm, und es müsste mit dem Teufel zugehen, wenn ...«

»Nick Harmon ist hier?«, schnitt er ihr das Wort ab.

Julie starrte ihn an. »Das wussten Sie nicht?«

»Ich dachte, die Hubschrauber suchen nach mir! Woher wusste Harmon denn, dass ich am Mount McKinley bin?

Ich habe doch gar nichts gesagt? Das heißt ...« Er ließ sich auf den Schlitten fallen. »Nach der Sendung hat mich ein Redakteur angerufen und mich über meinen Vater ausgefragt, und ich habe ... ich habe ihm wohl verraten, dass ich zum Denali fahren werde.«

»Die Hubschrauber haben auch nach Ihnen gesucht, Scott. Alle haben nach Ihnen gesucht, auch Josh und Mike und Ruth ... wir hatten Angst um Sie.«

»Das tut mir leid. Ich konnte doch nicht wissen ...«

»Sie hätten nicht weglaufen dürfen! Sie kennen sich hier nicht aus, und es grenzt fast an ein Wunder, dass Sie nicht verletzt sind. Sehen Sie denn nicht, dass ein Blizzard im Anmarsch ist?« Sie deutete in den wirbelnden Schnee.

»Ich war in einer Hütte ... bin zufällig darauf gestoßen. Dann hab ich die Hubschrauber gehört und bin weggelaufen. Ich wollte nicht zurück. Ich wollte endlich herausfinden, was mit meinem Vater passiert ist. Woher sollte ich denn wissen, dass Sie seine Leiche längst gefunden hatten? Tut mir leid ...«

»Sie haben großes Glück gehabt«, sagte Julie. Sie schob ihre Schutzbrille über die Augen und stieg auf den Schlitten. »Mit diesem Harmon ist nicht zu spaßen.« Sie wartete, bis Scott seine Beine auf die Ladefläche gehoben hatte, und wendete den Schlitten. »Halten Sie sich gut fest, Scott! Es geht los!«

Mit einem lauten »Vorwärts! Go! Go!« trieb sie die Hunde an. Keinen Augenblick zu früh, denn im selben Augenblick krachte ein Schuss. Zwischen Scott und ihr hindurch zischte die Kugel in den Schnee. Der scharfe Knall hing sekundenlang in der Luft. Ein zweiter Schuss zerriss die Stille, und sie beobachtete entsetzt, wie die Kugel neben ihr den Schnee aufwirbelte.

Julie war viel zu geschockt, um zu schreien oder etwas Unüberlegtes zu tun. Sie fuhr weiter, tat instinktiv das Richtige und duckte sich tief auf den Kufen, feuerte die Huskys mit heiseren Schreien an. »Vorwärts, Chuck! Weg hier, nur weg! Lauft so schnell ihr könnt! Go ... zurück zur Park Road!«

Chuck schien sie zu verstehen und stemmte sich mit voller Kraft ins Geschirr. Mit immer kräftigeren Sprüngen zog er den Schlitten durch den teilweise tiefen Schnee. Die anderen Huskys merkten, wie entschlossen er war, und zerrten ebenfalls an den Leinen, taten alles, um so schnell wie möglich aus der Gefahrenzone zu kommen. Der Knall hatte sie genauso erschreckt wie Julie und hallte noch immer in ihren Ohren nach, weckte auch die letzten Kräfte in ihnen und ließ sie wütend ihre Pfoten heben. So schnell und rasant und verzweifelt wie noch nie rannten sie vor dem unsichtbaren Feind davon.

Julie riskierte einen Blick nach hinten und bemerkte zu ihrem Schrecken, dass Nick Harmon auf seinem Snowmobil saß. Er musste irgendwo auf der Lauer gelegen haben. Diesmal sprang der Motor sofort an, als er den Anlasser drückte, und die Maschine machte einen Satz nach vorn. In einer riesigen Schneewolke nahm er die Verfolgung auf, sein Gewehr in einer Hand.

»Verdammt! Das ist Harmon!«, rief Scott. Er klammerte sich mit beiden Händen an den Schlitten, als die Hunde losrasten, hielt sich nur mühsam auf der Ladefläche. Bei jeder Bodenwelle hob es ihn vom Schlitten, in jeder Kurve drohte er, in den Tiefschnee geschleudert zu werden. Der aufgewirbelte Schnee wehte ihm ins Gesicht und nahm ihm die Sicht. Aus dem Norden kam böiger Wind und ließ seinen Anorak flattern. Vor ihm holperte sein Backpack über die Ladefläche und fiel in den Schnee. Er schrie vor Angst und Wut.

Noch war ihr Vorsprung groß genug. Sie befanden sich außerhalb der Reichweite von Harmons Gewehr und waren schnell unterwegs. Doch sobald er sein Snowmobil auf Hochtouren gebracht hätte, würde er rasch aufholen. Vielleicht ein paar Minuten, mehr hatten sie nicht gewonnen. Dann wäre er auf Schussweite heran und könnte in aller Seelenruhe auf sie anlegen. Es gab keine Bäume und keine Felsen, hinter denen sie sich verstecken konnten.

Hinter ihnen heulte der Motor des Snowmobils auf. Auch ohne sich umzudrehen, ahnte Julie, dass ihnen Harmon bereits dicht auf den Fersen war. Sie sah sich verzweifelt nach einem Ausweg um. Ihre einzige Rettung war der Fluss, wenn sie den erreichten, hatten sie ein paar weitere Minuten gewonnen.

Doch die Ufer waren hier sehr hoch, und sie ging ein großes Risiko ein, als sie den Schlitten in Richtung Fluss lenkte und die Huskys über die steile Böschung nach unten trieb. »Vorwärts, Chuck! Nicht nachlassen!« Der Schlitten schoss über das Ufer hinaus, knallte auf den abschüssigen Hang und glitt seitwärts auf das Flusseis, schleuderte nach rechts und dann nach links, stand sekundenlang auf einer

Kufe, bis sie wieder die Kontrolle über ihn bekam und die andere Kufe nach unten drücken konnte. Dicht am Ufer trieb sie die Hunde nach Norden, der rettenden Station am Wonder Lake entgegen.

Das Heulen des Motors, als Harmon das Snowmobil auf den Fluss lenkte, verriet ihr, dass sie lediglich Sekunden gewonnen hatten. Nick Harmon war dicht hinter ihnen. Sie hörte bereits, wie er den Motor drosselte und stehen blieb, und man brauchte keine große Fantasie, um sich vorzustellen, was dann geschah. Er würde das Gewehr hochnehmen und gegen seine Wange drücken, sie durch sein Zielfernrohr ins Visier nehmen und den Abzug durchziehen. Sie duckte sich unwillkürlich und schloss die Augen, wartete auf die tödliche Kugel, die sich im nächsten Moment aus seinem Gewehr lösen musste.

»Runter mit dem Gewehr!«, durchbrach eine vertraute Stimme die Stille. Greg Erhart tauchte mit seinem Hundeschlitten am Ufer auf und richtete sein Gewehr auf Harmon. »Lassen Sie sofort die Waffe fallen!«

Julie nutzte die Gelegenheit und ließ die Hunde weiterlaufen, bis sie vor einer Gewehrkugel sicher sein konnte. Erst dann lenkte sie die Hunde ans Ufer und rammte den Anker in den festen Schnee. Scott blieb auf dem Schlitten sitzen und vergrub sein Gesicht in den Händen, sie beobachtete, wie Harmon die Waffe fallen ließ und Handschellen von Erhart angelegt bekam. Der Ranger stieß ihn auf die Ladefläche und band ihn mit einigen Rohhautriemen daran fest. »Nick Harmon, ich verhafte Sie wegen Mordes ...« Er sagte, was gesagt werden musste, dann schaltete er den Motor des

Snowmobils aus und brachte Scott seinen Backpack zurück. »Sie haben was verloren …«

Scott Jacobsen bedankte sich bei dem Ranger, wirkte schüchtern und verängstigt in diesem Augenblick und bedachte Harmon mit keinem Blick. Vielleicht das Beste, was er tun konnte, denn nicht beachtet zu werden, traf den eitlen Verbrecher vermutlich am meisten. Harmon knirschte vor Wut mit den Zähnen.

»Das war knapp«, sagte Julie. »Sie haben uns das Leben gerettet, Greg.«

»Und Sie sind der beste Gehilfe, den ich seit Langem hatte.«

»Obwohl ich mich vom McKinley River entfernt habe?«

»Sie werden ihre Gründe gehabt haben«, erwiderte er lächelnd. Er musterte den immer noch verängstigten Scott Jacobsen. »Ich glaube kaum, dass er noch am Leben wäre, wenn Sie ihm nicht gefolgt wären. Das erinnert mich an einen Western mit Audie Murphy … wissen Sie, wer Audie Murphy war?«

»Nie gehört.«

»Dann wird's aber höchste Zeit. Audie Murphy spielte einen Lieutenant der US-Armee, dem man verboten hatte, allein ins Apachengebiet zu reiten. Er scherte sich nicht darum und machte sich auf die Suche nach Geronimo …«

»Können Sie mir das vielleicht ein anderes Mal erzählen, Greg?«

»Sie haben es wohl eilig, Ranger Wilson.«

Sie lächelte. »Nun, ich will mir endlich trockene Klamotten anziehen, und dann hoffe ich, dass mir der Super einen

Tag freigibt und ich nach Fairbanks fahren kann. Ich möchte Carol im Krankenhaus besuchen und dann ... dann ...«

»... wollen Sie sich mit einem gewissen Josh treffen?«

»Woher wissen Sie das?«

»Schon vergessen?«, erwiderte Erhart. »Ich bin Polizist ... und die Polizei weiß alles.« Er stieg lachend auf seinen Schlitten. »Das erinnert mich an einen Western mit John Wayne und Dean Martin. John wusste auch immer alles ...«

»Yippie ya yeah!«, rief Julie und fuhr ihm davon.

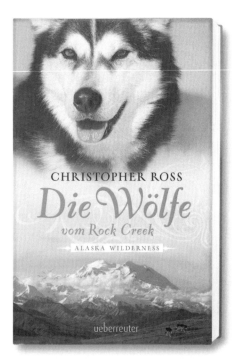

Christopher Ross
**Alaska Wilderness
Die Wölfe vom Rock Creek**

256 Seiten
Hardcover
ISBN 978-3-7641-7003-5

Wölfe in Gefahr!

Julie ist entsetzt: Unbekannte erschießen Wölfe aus dem Denali National Park, sobald diese das geschützte Gelände verlassen. Manche der grausamen Wolfskiller dringen sogar in den Park ein und töten die Tiere dort. Zusammen mit ihren Kollegen und dem attraktiven Biologen Dr. John Blake versucht Julie, das Rudel zu schützen und die erbarmungslosen Jäger auf frischer Tat zu ertappen. Doch die sind mit allen Wassern gewaschen und das Parkgelände ist riesig. Können Julie und die Ranger die Wolfskiller rechtzeitig zur Strecke bringen?

www.ueberreuter.de
www.facebook.de/ueberreuter